U0946243

富贵点

——通往财富自由之路

杨和群　著

中国财富出版社

图书在版编目（CIP）数据

富贵点：通往财富自由之路／杨和群著．—北京：中国财富出版社，2019.10
ISBN 978-7-5047-6867-4

Ⅰ．①富…　Ⅱ．①杨…　Ⅲ．①投资—基本知识　Ⅳ．①F830.59

中国版本图书馆CIP数据核字（2019）第036840号

策划编辑　谢晓绚　　**责任编辑**　张冬梅　吴婉素
责任印制　梁　凡　郭紫楠　　**责任校对**　卓闪闪　　**责任发行**　董　倩

出版发行　中国财富出版社
社　　址　北京市丰台区南四环西路188号5区20楼　　**邮政编码**　100070
电　　话　010-52227588转2098（发行部）　010-52227588转321（总编室）
　　　　　010-52227588转100（读者服务部）　010-52227588转305（质检部）
网　　址　http://www.cfpress.com.cn
经　　销　新华书店
印　　刷　北京京都六环印刷厂
书　　号　ISBN 978-7-5047-6867-4/F·3065
开　　本　710mm×1000mm　1/16　　**版　　次**　2019年10月第1版
印　　张　11　　**印　　次**　2019年10月第1次印刷
字　　数　146千字　　**定　　价**　46.00元

前　言

随着社会经济的高速发展，近几年来，人们的物质生活水平和薪资收入显著提高，越来越多人的钱包逐渐“鼓了起来”，人们对投资理财的需求也越来越迫切。

与此同时，金融市场似乎“嗅到了”人们的需求，开始出现越来越多的理财平台，理财产品更是层出不穷。面对众多的选择，一些人想借着理财市场的繁荣，实现更多的财富积累；一些人渴望找到适合自己的理财产品，实现财富的有效保值；还有一些人面对众多的投资理财产品，犹犹豫豫，举棋不定，生怕赚不到钱，又担心有风险。

实际上，每个人谈到理财时，都会存在各种疑问：

- 是选择购物消费还是进行投资？
- 是选择存放在银行还是投资股票？
- 是选择债券还是购买基金？
- 是选择买进还是等等再说？
- 是继续投资还是迅速转移？

诸如此类的问题在大脑中不断涌现，人们难免会左右为难，甚至还会被很多信息干扰思考，难以对理财投资快速做出合理决策、理性判断。在这种情况下，拥有专业的理财知识和专业的理财指导，就显得尤为重要。

本书主要分为六章，从读者心中存在的问题和困惑出发，一一揭晓理财问题的答案。

本书的第一章主要介绍了何为财富，是什么决定了人们的财富，掌握金钱的正确方向以及善于利用金钱并发挥其价值，从而帮助人们正确地树立自身的财富观。

本书的第二章主要介绍了如何快速积累原始资金，如何甩债，如何存钱，如何掌握财富流动的秘诀，实现复利倍增，帮助人们养成以资金为本的思考习惯，引导人们有效地使用金钱。

本书的第三章主要介绍了个人及家庭的资产状况分析、现金消费支出规划、保险规划、投资理财规划以及退休养老方面的规划等。引导人们对人生做出有效的理财规划，降低人生的风险以及消除一些可能存在的资金隐患问题。

本书的第四章主要介绍了什么是投资理财“钱生钱”，如何设定个人及家庭的投资理财目标，单身期、家庭形成期、家庭成长期、家庭成熟期、家庭衰老期，人生各个阶段的理财规划和管理。

本书的第五章主要介绍了投资理财的风险类别、相对风险和绝对风险、风险评估与风险管理，其中包括个人投资理财的风险分析管理与家庭投资理财的风险分析管理。

最后一章，引导读者正确看待投资理财、看待人生的财富，帮助读者在财富中实现自己的人生目标。

除此之外，本书在阐述理财知识概念、提供投资理财方案策略的同时，还结合了大量实际的案例说明，细致地为读者讲解理财方面的专业知识，消除人们对于理财认知方面存在的盲点和不足。同时，根据每个人的差异性、理财产品的差异性，为不同的人群整理出不同的理财方案，帮助读者找到适合自身的投资理财工具，进而引导广大读者走向通往财富的自由之路。

目 录
contents

第一章
投资理财"钱生钱"养成之初

现实生活中，每个人都忙着赚钱，以获取更多的财富。然而，很少有人真正思考：财富究竟是什么？它在我们的人生中发挥着怎样的价值作用？到底是什么决定了我们的财富？事实上，在投资理财之前，这些都需要我们在心中明确答案。只有了解自身对于财富的认知与渴望程度，我们才能在此基础上有效地掌握金钱，合理利用和规划金钱。

一、 何为财富

一直以来，财富都是众人瞩目的焦点，受到了人们的热切追捧。美国加州大学经济学教授、北美地区经济学年会常任专题主讲人丹尼·W. 辛克莱认为财富有六种积极用途：

- 有钱的感觉真好；
- 富有家庭百事顺；
- 金钱能够提高生活质量；
- 财富能给人们带来健康；
- 有钱能减少人们的精神压力；
- 富有能让人更加自信、自尊。

以上六种积极用途是很多人在追求财富的过程中，习惯性关注的点，主要都是强调财富能够为生活带来的改变，以及产生的积极的价值和影响等。

而对于财富的本质以及财富的真正含义是什么，却很少有人进行深入思考和了解。因此，很多人都存在这样一种状况：他们知道财富的重要性，知道财富对于生活的影响和意义，却不知道财富的含义和本质到底是什么。

（一）什么是财富

1. 财富的含义

《辞海》① 对财富的定义是：具有价值的东西。由英国著名经济学家戴维·W. 皮尔斯主编的《现代经济学词典》② 中对财富的定义是：任何有市场价值并且可用来交换货币或商品的东西都可被看作财富。它包括实物与实物资产、金融资产，以及可以产生收入的个人技能。当这些东西可以在市场上换取商品或货币时，它们被认为是财富。

从汉字的结构来看，“财”可拆分为“贝”和“才”来理解：“贝”一般指代金钱、货币，是宝贵的意思，也就是人们通常所说的财富；“才”，意思是才能，主要指人的才能。由此可见，财富包含了两层意思：一层是以“贝”为代表的物质财富，另一层是以“才”为代表的精神财富。

财富信息化是信息化时代显著的特征之一。自从出现股票、债券等有价证券之后，社会财富便越来越多地以证券的形式出现，人们的财富观念，不仅停留在物质财富上，还延伸到以货币符号、各种有价证券为代表的信息化财富方面。

2. 财富的本质

西方主流经济学认为，财富是物质的或效用的，与价格等货币形式无关。它们将经济看作是一个物质系统，把所有的生产都看成投入与产出的

---

① 《辞海》是于 1915 年启动，1936 年正式出版，由舒新城先生主编的图书，是中国最大的综合性辞典。

② 宋承宪、寿进文、唐雄俊等翻译，上海译文出版社出版。

技术关系，认为其他一切非物质系统都是为此服务的。

市场经济中的商品作为财富的细胞也发挥着至关重要的作用，它是使用价值和价值的统一体。也就是说，当物品披上商品的外衣的时候，它就成为市场经济中财富的元素，成为财富的重要象征。

综合以上的观点来看，财富是具有价值的，在整个市场经济体系中，它是物质系统与价值系统的统一。所以，仅仅认为财富的本质属性还包括物质系统的观点是不成立的，财富的本质属性还包括价值系统。

3. 财富的分类

一般情况下，财富可以分成以下几类。

（1）有形财富。

有形财富指的是有形的，看得见、摸得着的，对人类生存、繁衍、发展有价值的东西。例如金钱、房子、食品等。有形财富主要被分为货币类和物质类。

（2）无形财富。

无形财富指的是非物质的，无形的，但对人类生存、繁衍、发展间接具有价值的东西。例如知识技能类、精神情感类、经验技术类、人际关系类等的东西。从类别来看，无形财富是一种间接性的财富，它需要通过实践运用才有可能被转化为有形财富。

某"海归"在国内求学期间，凭借自身的优异表现获得了政府提供的奖学金，被保送出国留学。在国外的课余时间，他积极参加社交活动，努力学习先进的文化知识。经过拼搏奋斗，几年后，他不仅获得了博士学位和数项专利，还创业成功，成为大公司的老板。他的企业首次公开募股就筹得数亿美元，并在纽约证交所上市。他的名字也因此出现在了中国富豪榜上。

在经营公司的过程中，他将国外领先技术与国内的成本优势充分结合，在采用新技术的同时，充分利用了国内优质的资源。凭借这两大优势，他成功击败了国内外众多产品出色但价格昂贵的生产商，在其深耕专业领域的全球市场中独占鳌头。

除此之外，他还将个人财富的绝大部分投资到公司的股份上，在公司股价的高低起落之间，他的身家在顶峰时曾经高达30亿美元。

这位“海归”的成功，凭借的就是无形的财富力量。他通过无形的财富积累来满足社会的需求，为社会创造价值，最终通过货币转换的形式获取了与之相匹配的金钱财富。并且在拥有了诸多财富之后，他依然不断地投资，充分利用个人财富，不断地创造更多的财富价值，这也是他最终能够成为富豪的重要原因。

反之，如果无形财富没有得到实际运用，就只能算是一种潜在的财富，不能成为现实中的物质财富。

（3）虚拟财富。

除以上两种财富之外，还有一类是虚拟财富。它是与实际利益相对的一种经济利益，其本身并没有价值，却代表了一定价值的各种有价证券及金融衍生品，如股票、债券、期货和期权等。随着经济的发展，虚拟财富在国家和个人经济生活中发挥着越来越重要的作用。

（二）对财富的正确认知

对于财富的积累、保留和使用，是拥有财富的显著标志，这是人们对财富的初级认识。而随着社会的发展、消费观念的变化，人们的财富观发生了一系列的改变。

26 岁的小胡在二线城市工作，月薪 5000 元左右。作为家里的独生女，小胡向来对钱没有什么概念，并且热衷于追求当下的生活享受。所以，每个月除去基本的生活开支，小胡基本上存不下什么钱，属于典型的“月光族”，并且对于这种生活状态，小胡一直觉得舒适、满足。

在一次外出活动中，小胡意外受伤。当医院通知小胡需缴纳 3000 元的医疗费时，小胡措手不及，不知如何是好。

生活中，类似小胡这样的年轻人有很多。他们的生活态度是追求当下的享受，对于金钱没有什么概念，也没有明确的经济规划，经常入不敷出，甚至要借助信用卡、蚂蚁花呗等信贷服务和产品来维持生计。除此之外，还有一些人对财富的认识存在一定的误区。例如，“钱挣来就是花的”；“钱生不带来，死不带走”；盲目崇尚精简主义，没有追求财富的欲望等。

面对以上这些误区，我们应该树立正确的财富观。

1. 财富并不是指“挣了多少”，而是指“还有多少”

在生活中，很多人明明做着同样的工作，有人一年存款 6 万元，而有人一年存款 10 万元；有人工作三年，存款情况与开始相比几乎没有大的变动，而有人工作三年，却付了房子的首付。这是为什么呢？主要原因是有些人懂得合理利用金钱、懂得投资，最终获得了更多的财富；而有些人虽然月薪也挺高，但是大部分用于消费，不懂得合理利用和打理金钱，财富自然越来越少。

因此，我们应该树立正确的消费观念，对自己的财富进行合理规划和使用。

2. 财富是精神财富向货币财富的有效转化

精神财富向货币财富的转化，主要是通过有效利用知识技能、经验技术、人际关系等，将精神财富逐步转化为满足自己物质需求的货币财富。简单来说，就是激活潜在财富的一个过程。

例如，木匠利用自身的手艺来养家糊口；老师通过传授知识和经验获取收入；歌手通过才华技能的展现获取财富；上班族通过朝九晚五的工作来获取薪酬等。这些都是将精神财富转化为货币财富的体现。

3. 财富价值在于维持生活和提供收入

（1）维持生活。

维持生活的财富，主要包含三种情况：留作消费的财富；逐渐得到的收入；以前购买的但尚未用完的物品。

（2）提供收入。

提供收入的财富，又称为资本。资本主要分为流动资本和固定资本。流动资本是指生产、制造或购买货物，然后转化为商品卖出去，最终获得利润。例如，商人就是以一种形态投资，又以另一种形态回收，并凭借这种连续不断的交换来赚取利润。固定资本是指用来改良土地、购买机器设备、置备一些不需要流通就可以提供利润的东西。当然，由于行业之间存在差异，流动资本与固定资本分配的比例会有所不同。

总的来说，财富的定义有很多种，人们对财富的认识和理解也各不相同。但无论从什么样的视角来看待财富、了解财富，最终的目的都是有效地利用财富、合理地使用财富，从而有效地发挥财富的价值。因此，对于财富的深入了解和有效利用，是每一个人都需要重视并掌握的一项技能，这有助于我们有效地发挥财富的价值，从而创造出更多的稳定财富。

二、 是什么决定了你的财富

随着社会的快速发展，不仅商业领域掀起了一系列的变革，整个社会也发生着巨变。随着整个社会财富的不断增长，财富差距的不断加大已经成为不争的事实。

面对这一局面，一些人认为钱都被富人赚去了，所以没有其他人的立足之地；一些人认为富人都拥有赚钱头脑，自然懂得敛财之道；还有一些人认为富人生下来的起点就比其他人要高很多，从一开始差距就已经拉开了，无论后来再怎么努力也是徒劳……然而事实真的如此吗？

例如，一群大学生同时毕业，十年之后，有些人事业步步高升，理财上收获颇丰；而有些人却在事业上碌碌无为，理财上毫无建树。为什么同样的起点，最终却呈现出如此大的差异？

这是因为，每个人都有着不同的人生态度以及对财富的认知。人们的财富差距并不完全是由先天的贫富差距以及智力差距所决定的，而是由多方面的综合因素差距决定的。

那么，究竟是什么决定了人们的财富呢？

1. “信息＋知识”

在过去，经济法则常用土地、劳动力、资本三个方面来定义财富。谁拥有更多的土地、劳动力、资本，就等于谁拥有更多的财富。

然而，随着社会的高速发展，经济法则已经发生了变化，并且开始融入一些新的财富创造因素，主要包括信息和知识，这两种因素对财富具有强烈的协同增效作用。例如，你有100美元，我也有100美元，我们交换一下，各自手中仍是100美元，没有发生变化；但是如果我有一个创意，你也有一个创意，那么我们交换一下，各自就会有两个创意，而这两个创意所衍生出的价值要远远大于之前每个人头脑中的那一个创意。

在过去，财富的决定因素（即土地、劳动力、资本）仅仅为拥有者独享，随着时间的推移，财富会损耗、减少、用完，共享只会导致各方的财富越来越少。而信息与知识的协同作用表明，财富价值会随着共享和使用而不断延伸和增长。例如，某企业老板在经营企业的过程中面临困境，他凭借自身多年来的管理经验，在以往成功失败中总结出的宝贵经验，以及向身边优秀领导者咨询所取得的意见，在困境中找到了出口，帮助企业化险为夷。这就是信息和知识的共享和引导作用。

在现实生活中，将信息、知识等精神财富转化为财富的例子不胜枚举。例如，员工为公司提供一个好的销售方案，帮助公司成交一笔大单，这也是利用自身信息和知识共享来获取财富的表现。

因此，积极地与他人共享信息和知识，无形中就是在为自己积累财富，并且这种财富会随着共享人数和次数的增加而创造更多的价值。

2. "规划＋支配"

对于财富的不同规划和支配也是决定每个人手中所持财富多少的重要因素。

有这样一则小故事：

> 有一位村民，生活非常贫困，已经到了不能维持生计的地步。一天，该村民意外得到一笔财富，于是他拿出这笔财富的三分之二买了一头牛，立誓要勤奋劳作，改变贫困的生活。可是不久之后，村民剩下的钱花完了。这时候，牛要吃草、人要吃饭，日子过得比之前更加艰难。村民就想，干脆卖了这头牛，换几只羊回来，先杀一只羊解决自己的生活问题，剩下的羊可以继续生小羊。于是，村民卖了牛，买了几只羊回来，等到他吃完一只羊之后，也没见大羊生下小羊，生活继续陷入了困境。这位村民开始惶恐，心想，不如将羊卖了，换一群鸭子回来，鸭子生蛋的速度比较快，可以以卖鸭蛋为生。就这样，这位村民手中的财富在自己的不合理支配下，越来越少。最终，他脑海中理想的经济目标轰然倒塌。

其实，很多人的生活也存在这种状况。刚开始，有一些可观的收入，但在后期无序消费和不合理支配下，不仅财富没有增加，原本的财富也越来越少。

究竟是什么原因导致了消费规划的不合理、财富支配的无序？其实，主要是人们在进行金钱的规划和支配时，习惯性地跟随自己的主观意识。例如，买东西不问价格，喜欢就买；不管需不需要，喜欢就买。

这种随意式的消费，导致金钱流失过快，最终财富也就得不到有效凝聚。

所以，建立理性消费观念，设计合理、有序的金钱支配规划，才是积累财富、脱贫致富的有效途径。

3. “选择＋投资”

资金的合理投放选择和有效的投资，也是决定财富的重要因素。选择决定运气，投资决定财富，有效的投资不仅能满足人们“钱生钱”的愿望，也能够帮助人们迅速积累财富。

不过，随着各个平台纷繁各异的理财产品不断涌现，人们的选择难度大大增加，很难迅速找出符合自身需求的理财产品。这种情况下，人们更应该保持理性。要根据理财产品本身的特点，如风险性、流动性、收益率等，充分结合自身的需求状况，谨慎做出合理选择。

假设你有 100 万元，想做投资。首先，应该明确的是，这 100 万元的资金是否可以进行自由支配。例如，在这些可供自由支配的资金里面，有多少资金是最近可能要花出去的，剩下长期闲置的资金有多少。其次，根据自身的资金状况，选择与之相匹配的理财产品。例如，是做三年期的定期存款还是投资三年的股票，或者选择其他理财产品？

此外，对某个理财产品没有足够的了解之前，需要先“试试水”，每月定期投资少量的资金，待对平台的模式、规则以及前景有了充分的体验之后，再考虑逐渐加大投资金额。

4. “流动＋繁殖”

金钱的价值在流动中才能充分体现出来。如何让钱流动起来并且创造更多的财富？这就需要让金钱在投资市场流动起来，进而在流通中“繁殖"，产生财富。

然而也有很多人认为，储蓄才是生活安定的保障，储蓄的钱越多，心里就越有安全感。甚至有些人存钱存上了瘾，似乎永远没有满足的一天。

有位大学教授，8年前结了婚，婚后夫妻二人省吃俭用，银行卡上的存款金额不断上升，现在已经有差不多75万元。教授的妻子经常对亲戚朋友说："如果没有储蓄，就等于生活失去了保障。"

事实上，这种理财方式的确为家庭提供了牢固的物质保障。但是，夫妻双方辛辛苦苦、省吃俭用，却没有享受到金钱的价值和金钱带来的物质享受。积攒再多，又有什么意义呢?

从财富管理的角度来看，将金钱紧紧地束缚起来，只会让金钱的天赋与价值无从发挥。毕竟，没有人靠省吃俭用成为富豪的。

因此，想要获得更好的生活、收获更多的财富，就需要学会灵活利用金钱、将"死钱"变成"活钱"。这样，在合理的投资之下，金钱才能增值得更快。

除此之外，在投资的过程中，我们还要相信"钱生钱"的奇特功能，相信金钱是可以"繁殖"的。正如很多人所说：挣钱是为了更好地花钱，而花钱则是为了赚取更多的钱。

小万和小周一起进入公司，三年后，两人手中各有20万元存款。两个人却做出了不同的消费选择。小万利用这20万元为自己买了一辆车，小周利用这20万元付了房子的首付。几年之后，该城市的房价呈直线式增长，小周所购买的房子由原来的60万元涨到了120万元，而小万的车子已经淘汰到二手车市场，最终以6万元的价钱卖出。

同样是20万元资金，由于两人做出了不同的消费选择，并将钱用在了不同的地方，最终产生了巨大差异的结果。小周利用自己的20万元资金投资房产，随着房价的攀升，他收获了更多的财富。而小万的20万元资金，在几年后非但没有衍生出更多的财富，还遭到了贬值。

由此可见，只有充分利用好手中的金钱资本，有效发挥资金的巨大作用，才能有效地增长财富，使金钱在投资中再度升值，带来更加丰厚的利润。反之，如果滥用金钱资本，不仅会降低财富值，还会导致资金贬值甚至破产。

三、 你真的爱钱吗

如今，“生财”之道开始变得有些狭窄，人们对于金钱的追求习惯更多地停留于表面，很少落到实际中去；对于投资的选择，更是前怕狼后怕虎，迟迟做不了决定。

例如，股票不敢碰、基金不敢买；银行储蓄，嫌利率太低；国债利率虽高，但流动性较差，三五年不能动，满足不了灵活使用的需求；房产的投资，限购令约束了购买需求；保险的投资，几十年后在通货膨胀的压力之下，产品价值又会出现严重缩水的危险；理财产品，虽然短期的流动性较强，但又考虑到收益不高、风险较大……

对于诸多“生财”之道，投资者们一边想要赚大钱，一边又不想承担风险；一边想要了解和学习理财，一边又寻找托词来拒绝或敷衍投资。简单来说，人们在看到好处的同时，更加在意的是其存在的弊端，并且这些弊端导致很多人对于投资望而生畏，始终不敢向前迈出一步。最终，很多人的资金账目在日复一日的纠结和等待中不见起色、停滞不前。

面对这种情况，笔者想问："你真的爱钱吗？对于金钱，你付出过哪些努力？是通过不断劳动来获取，还是通过不断投资来增加？你找对了获取财富的方法，还是掌握了收获金钱的正确方向？"可能很多人心中的答案都不是很明确，对于金钱的理解和获取还存在一定的盲点。

1. 测试你的金钱观

请回答以下几个问题。

- 你最重要的梦想是什么？
- 你实现梦想的途径是什么，是否与金钱有关？
- 你有没有为梦想制订实践方案以及目标计划？
- 你梦想存到多少钱？
- 你觉得是穷人幸福还是富人幸福，为什么？
- 你认为富人是社会的中流砥柱，还是同意"为富不仁"的说法？
- 你有没有想过尝试理财或是投资呢？
- 有什么方法可以使得你的理财之路变得更快乐、更顺利？
- 你记账吗？你能清楚地说出家中的资产和负债有多少吗？

通过回答以上问题，可以总结出三个重要的理财观念：

第一，实现梦想的主要目的就在于赚钱，赚钱是人生中的重要部分；

第二，从生活水平和物质享受的层面上来看，富人比穷人更幸福；

第三，对于资金情况的把握以及理财概念的认知，是投资理财的第一步。

也就是说，无论是人生梦想还是生活的幸福程度，都离不开金钱，金钱已经渗透到人们生活的方方面面，成为每个人生命中必不可少的元素。

2. 刷新你的金钱观

如同价值观一样，每个人都拥有自己独特的金钱观。金钱观的不同导致每个人对待金钱的看法不同。例如，有人认为金钱乃身外之物，不需要整天围绕着它转；有人认为钱不需要太多，够花就好；还有人认为金钱是生存的根本，决定了生活水平的高低，自然是越多越好。

然而，随着社会的发展，人们对金钱的理解也在一点点地发生着改变。过去人们对于金钱的渴望，更多隐藏在内心，而不轻易表达出来。人们希望自己在别人眼里是淡泊名利、不爱财物之人。而如今，人们更愿意将爱财之心表达出来，更愿意凭借自身的努力去追逐财富、创造财富，并且金钱已经逐渐成为一个人能力、价值的象征。

以下是对于爱钱的三种说法：

- 爱钱的人，会让自己变得更值钱；
- 爱钱的人，才会更愿意赚钱；
- 爱钱的人，才懂得驾驭金钱。

在现实生活中，第一种说法——“爱钱的人，会让自己变得更值钱”，普遍存在，甚至很多人将此作为赚钱的动力和理由。

小华是初入职场的实习生，拿着较低的工资，却干着比别人多、比别人累的活儿。面对这些不公，小华并没有抱怨，依旧经常加班，认真地完成领导布置的每一项任务。经过一年的努力，虽然收入水平没有得到显著的提高，但是小华的工作能力、学习能力、处理事情的效率得到了显著的提升。

工作之余，小华还报了一些学习班，利用业余时间来拓宽自己的知识面，培养自己更多方面的能力。

看到小华并没有急着把积攒下来的工资用于改善生活，而是投资到了学习中去，让自己变得更忙更累，她身边的朋友纷纷表示不理解。小华则认为：刚出来工作就是一个不断学习的阶段，这时候享受生活有点为时过早，再说那些薪水也满足不了奢侈的生活，只有先让自己变得值钱，变得有价值，才能赚到更多的钱，进而改变生活。

小华对于金钱的渴望和热爱就体现在她对自身能力的提高上，她希望通过使自己变得更优秀、更值钱，进而得到相匹配的更高的薪资，获取更多的财富。这种金钱观不仅是激励自身拼搏进取的有效手段，也是帮助自身获得更多财富的有效策略。

第二种说法：爱钱的人，才会更愿意赚钱。现实中，很多人全身心地投入工作中，每天的生活都被工作安排得满满的，几乎没有假期和个人时间。这种类型的人普遍认为，不停地工作，才能满足家庭的生活保障，才能保证公司的正常运转，才能让自己达到理想中的经济目标。

吴女士是某公司的部门高管，工作三年以来，她无特殊情况从不请假，不仅将自己的部门管理得井井有条，周末还经常拿出一天时间到公司加班。每当别人问吴女士为何这般辛苦时，吴女士表示，因为她想挣更多的钱，获取更多的物质回报，给家人和孩子提供更好的生活。

吴女士对金钱的渴望和热爱更多地体现在拼命赚钱上，她希望通过自身不懈的努力为家庭提供足够的资金保障，提高生活的品质。这种时间和精力上的投资也是快速获取财富的重要方法，是很多人在现实生活中的真实写照。

第三种说法：爱钱的人，才懂得驾驭金钱。金钱的增长要么在于积累，要么在于投资。以上两种爱钱的说法更多地停留在积累财富的层面上。其实，有效的投资、理财也是实现财富快速增长的重要途径。因为，爱钱的人，才懂得驾驭金钱。

梁先生是一家公司的经理，税后月薪为8000元左右，每个月消费4000～5000元（吃饭2000元，其他消费2000～3000元）。这样算下来，他每个月基本上余不下多少钱。但是梁先生没有感到丝毫的焦虑。

他将每个月余下的3000多元分为两部分投资：一部分用12存单法，将其中的1500元做一年定期存款，一年下来就拥有了12张一年期的定期存款单，仅本金就存下了18000元。

中国人民银行2018年8月1日公布的《央行金融机构人民币存款基准利率调整表》显示：一年定期存款的年利率为1.5%。[①] 那么，从第二年开始，梁先生每个月都可以获得1500元×（1+1.5%）=1522.50元。然后，再加上他当月所存的1500元，共计3022.50元可再存成一年定期。这样，手中便始终有12张一年定期的存单循环，年年、月月循环往复。一旦急用，可以及时取出当月到期的存款使用，不会损失存款利息。如果钱不够，还可以把未到期的存单作为质押物办理质押贷款，以解燃眉之急。

① 数据来源：南方财富利率网 http：//www.southmoney.com/lilv/。

梁先生的另一部分资金则用在基金定投上。这种基金定投就像是银行里的"零存整取"，每个月都要买入，最低200元、最高5万元。如果坚持长期持有，但某个月没有钱定投，那么停投一到两个月也不会对定投产生影响。所以，在资金稳定的情况下，梁先生几乎每个月都会按时定投，遇到资金紧缺的情况时，梁先生也会暂停一个月，然后在下个月继续投放资金。

此外，梁先生还把现金分红改为红利再进行投资。这样一来，一旦基金公司分红，梁先生所分得的现金，基金公司会用其再为梁先生买入该基金，不仅没有手续费，还可以产生复利，这就是"钱生钱"的效益，可谓一举两得。

总的来说，每个人对于金钱的追求方式都不同，一些人选择银行储存，一些人选择股票、基金，但不管采用哪种方法，实际上都是合理利用和追求财富的体现。因此，只要你付诸行动，努力地追求财富，并且建立在有效、正当、合理投资的基础之上，就会不断地超越自己、不断地积累更多的财富。

四、 掌握金钱的正确方向

比尔·盖茨认为，掌握趋势方向的人，能够掌握金钱。

在当今社会，一旦找准赚钱的正确方向、找准投资的风口，就能为你带来一笔可观的财富。例如，在20世纪80年代，摆个地摊就可能挣到钱；在20世纪90年代，买只股票就可能赚钱；到了21世纪初，开个网店就可能赚到很多钱。在不同的时间阶段，赚取金钱的方式各不相同，它会随着社会的发展、消费观念的转变以及市场前景的变化而发生改变。

然而，想要把握住每个时间阶段赚钱的正确方向并非易事，每一个赚钱的风口出现之时，必然会在行业内部掀起一场激烈的竞争。一些人可能会赚得“盆满钵满”，一些人可能只能抓住一点点好处，还有一些人可能在行业略显颓势之后，都没有尝到一丝利润的“甜头”。

无论在任何时间阶段，只有掌握未来的发展前景、掌握金钱的正确使用方向，才能有效地挖掘到自己想要的财富，从而实现真正的财富自由。

那么，如何掌握金钱的正确使用方向呢？

1. 抓住社会发展趋势

想要掌握金钱的正确使用方向，首先就要抓住社会发展趋势。根据以往的情况来看，一种先进的潮流或文化趋势，必然能带动部分行业崛起，成为大量财富的聚集地。

例如，微商平台刚刚崛起时，凭借微商发家致富的人不在少数；后来，随着互联网技术的成熟，直播平台开始出现，很多人凭借直播，不仅迅速积攒了大量人气，而且获得了巨大的财富收入。

同样，掌握金钱的正确使用方向还体现在找对合适的投资平台和理财产品上。一直以来，投资和理财都是帮助人们获取财富的有效途径。但在不同时期，对于理财产品的选择也要因时而变，灵活应对。尤其是在如今理财平台遍地生根、理财产品满天飞的市场之中，更要抓住当下理财产品的优势和劣势，谨慎选择、理性投资。找到适合自己现阶段的理财产品，才能够快速获取财富。

例如，一些时下热门的理财产品，它们门槛较低、行情波动较小且风险较低等。这类理财产品无论是对于保守型投资者还是对于资金较少的投资者来说，都是一种较为合适的选择。它们既能满足保守投资者的安全保障心理，它们的低门槛又能帮助更多的人迅速走上投资的道路、实现快速的财富积累。

2. 驾驭金钱，而不是成为金钱的奴隶

某杂志在对经理人生存状态的专题调查中，发现经理人竟有“25种锥心之痛”。专家分析认为，产生这种现象的原因错综复杂，但这些人都存在一个共同点：他们都在不同程度上缺乏掌握金钱正确使用方向的能力，不能正确对待工作与金钱之间的关系，最终为钱所困、为钱所累。

实际上，现实中也存在很多类似现象：很多人只知道为金钱拼命工作，以至于一生都在财务困境中挣扎，在金钱上从来不敢有太大的举动；还有人盲目追求“致富之道”，缺乏真正的理财技能，最终没有让金钱充分发挥出其本身的价值，自身的生活质量和金钱数目也没有得到显著提高和增长。

生活观念、理财观念不同的人，会呈现出不同的人生结果。

（1）保守型。

保守型的人将每个月的工资放在银行卡里做定期储蓄，一生劳碌，省吃俭用，不舍得购买任何奢侈品，存在银行卡里的资金几乎没有取出来过，就这么稳定地一直存在银行里。

（2）灵活型。

灵活型的人将每个月的工资分为三份，一份作为生活费，一份作为额外支出费，一份用来投资。倘若在某个阶段资金短缺，就进行超前消费，

在下个月发放工资时再立即还款。这样不仅能够满足自己当下的生活消费，还可以有一笔理财资金供自己使用。

不同的金钱理念，展现了不同的生活品质、不同的投资方式以及不同的人生结果。保守型的人是典型的“守财奴”，一辈子都没有合理地利用过金钱，既没有利用金钱来改变生活，也没有合理投资、发挥金钱的天赋；而灵活型的人，将金钱当作生活的工具，灵活地使用金钱、驾驭金钱，将一部分金钱用在改变生活上，另一部分放在投资理财上，最终生活、理财两不误，这才算是真正掌握了金钱的正确使用方向。

3. 树立“水为财”的金钱理念

自古以来，中国人喜欢将金钱与水联系在一起，春联中有“财源广进达三江”的语句。在很多人心中，金钱与水之间存在诸多共性，有着密不可分的关系。

（1）水流动才有生命，金钱流动才能“繁殖”。

水流动，才能为人类所用，才能孕育生命。同样，金钱只有流动起来、得到灵活利用，才会产生力量、发挥价值。某位哲人曾经说过：钱财是有翅膀的，有时它自己会飞出去，有时你必须放它出去飞，好招引更多的钱来。可见，金钱是流动的，并非是一成不变的，只有懂得适度地将它放出去、投资出去，才会产生更多的财富、带来更大的价值。

一个18岁的年轻人，独自一人前往美国谋生。刚开始，由于人生地不熟，他在当地找了一份苦工的差事。当生活稳定后，他开始思考创业的路子，经过反复观察和考虑，他决定从报业入手。

为了实现这一目标，他没日没夜地工作。经过几年的拼搏以及对报纸行业的深入了解，他利用自己仅有的一些积蓄买下了一间即将倒闭的报社，重新开始创办。虽然前期资金严重不足，但是报社也算维持在正常运转的状态。后来，他看到别的报业集团为了加强竞争，不惜投入巨资做广告宣传。虽然他手中的资金有限，但是他并没有放弃对广告的投资。他先是借了一部分贷款，用以加强报社广告部的建设，之后又承接了多种广告。就这样，拥有了广告资源之后，客户预交的广告费就成为报社后续发行报纸的保障。慢慢地，随着报纸发行量越来越大，承接的广告也越来越多，他的资金开始进入良性循环的状态，整个报社也慢慢进入盈利状态。

从这个年轻人的奋斗历程中我们可以看到：他初到美国时身无分文，靠打工挣来的钱维持生计，然后利用节衣缩食省下的有限资金进行投资，让金钱流动了起来，最终成为白手起家的成功典范。事实上，这种有钱不闲置，让金钱流动起来的手段，不仅是成功经商的诀窍，也是投资理财的重要策略；它让金钱在流通中为人们带来更多的财富。

（2）水需要找准方向，金钱也需要找准方向。

想要获得源源不断的泉水，自然要掌握水的源头、水的走向，对于金钱的掌握也是如此。只有找到金钱的正确方向，才能带来源源不断的财富。

在现实生活中，虽然找到金钱的突破口、获得大量的财富，是很多人都梦寐以求的事，但是在对金钱的使用上很多人仍旧存在诸多不合理的地方。

李某今年 25 岁，有两年的工作经验，税后月薪为 4000 元，年终奖金为 10000 元，每月消费为 2500 ~ 3000 元（吃饭 1000 元，房租 1000 元，其他消费 500 ~ 1000 元），有时候会“月光”，目前的理财方式为银行活期储蓄。除去生活开支，他每个月存入银行的钱自然也没有多少。为了改变现状，存到更多的钱，李飞决定减少生活开支，寻找合适的理财产品，他的理财目标是每年攒3万元。

根据中国人民银行2018年8月1日公布的《央行金融机构人民币存款基准利率调整表》：一年活期存款的年利率为0.35%。假设一年本金利息总计是3万元，那么根据公式计算：本金×（1+0.35%）=30000元。这样的话，一年的本金大约为29895.37元。也就是说，李飞每个月需要存入银行2491.28元。

现状分析：对于税后月薪4000元的李飞来说，每个月除去吃饭、房租、其他消费，想要月存2491.28元，实现年度3万元的理财目标，是非常困难的，甚至是不可能的。并且，运用这种理财策略，想必其理财状况在未来3~5年都不会有太大的改观。

理财建议：刚入职的人大多处于财富的积累期，通常收入不高。此时的重点，一是储备“量”，二是寻找合适的理财方式。每个月存下来的钱，建议将其放在年利率较高的银行中作为定期储蓄。可以购买一些稳定且高收益的基金，也可以部分定存、部分放在余额宝中，方便不时之需的同时，不影响资金每天产生收益。

此外，工资到手后先强制储蓄。除了必要的生活开支，剩下的结余资金可用于强制储蓄或适当的投资。如果是保守型的人，则选择稳健型的理财；倘若不是非常保守禁不起亏损，但也不希望风险太大，就选择一些风险性较小、收益较高的基金产品，当然如有买股票的经验，也可以购买股票。

总的来说，金钱是一种帮助人们交易的工具，而人则是金钱的主人，是掌管金钱的管家。因此，人们真正的使命是做金钱的主人，灵活地利用和驾驭金钱。

五、 不善于利用财富等于浪费金钱

据瑞士信贷研究所（CSRI）发布的《2017 全球财富报告》显示：全球最富有的1%人口拥有全球财富的50.1%。在信息发布时约前12个月中，全球财富总额增长了6.4%，已达到280万亿美元。2016年，全球出现了230万个新的百万富翁，全球百万富翁总数达到了3600万人，占全球成年人口约0.7%，这部分人口拥有全球总财富的46%。而与此同时，全球35亿较贫穷成年人的资产却不到1万美元。

这一数据表明，财富越来越向富有的人群集中，任何个人、群体或地区，一旦在某一方面获得成功或进步，产生积累优势，就会有更多的机会获得更大的成功和进步，呈现出更大的倍增效应。因此，财富的差异将会让富翁持续领跑在世界前列，强者越强、弱者越弱的情况将会更加普遍。

面对这一发展趋势，难道真的束手无策吗？未必。在美国期货市场里，理查德·丹尼斯是一位具有传奇色彩的人物。在多年的投资生涯中，他曾多次在最低点买进，然后在最高峰时反手卖空。并且随着投资经验的累积，丹尼斯平均每年都可以从市场中赚取5000万美元以上的收益，他的投资经常可以带动整个市场。

丹尼斯是如何获取巨大财富的呢？其主要原因是他善于利用金钱、敢于投资。在投资的过程中，一旦找到财富的起点和突破口，自然就会进入财富良性循环的状态。此外，据丹尼斯本人透露，他本人95%的收益来自5%的交易，他深信让收益充分发展的道理，深信有效的投资才是获取财富的最佳途径。

在现实中，其实很多人财富的起点都大同小异，但随着时间的推移，人们会逐渐拉开贫富差距。其主要原因就在于：有的人善于利用金钱，实现财富增值；而有的人则不善于利用闲置资金，浪费了资源，因此就无法获取更多的财富。

1. 树立正确的理财意识

据研究显示，我国国内的高收入人群中，99%的人在进行理财投资；中层收入的人群中，进行理财投资的占65%；而普通收入人群中，进行理财投资的比例只有不到20%。真是应了“你不理财，财不理你”那句话。对于绝大多数的低收入者而言，投资理财意识相对薄弱是财富少的原因之一。

那么，如何树立正确的理财意识？具体可以从以下几个方面考虑。

（1）清晰划分理财内容。

投资理财的内容包括现金规划、消费支出规划、教育规划、风险管理和保险规划、税务筹划、投资规划、退休养老金规划、财产分配规划等。

（2）提前了解风险属性。

提前了解风险因素，了解自己对风险的承受度，是降低和避免风险的有效方法。

（3）制订适合自己的投资规划。

依据自身的理财条件以及产品的风险属性，做出最适合自己的投资规划，实现有效的资产配置，这才是正确的投资理念。

综合来讲，财富竞赛胜负的关键不在于起跑点，而在于选择哪个跑道。拥有理财的先机意识，并且敢于投资，就等于站在了更高的财富点上，意味着拥有机会打破“马太效应”①。但同时需要注意的是，市场风险也是不可忽视的。

2. 养成理财的六大习惯

理财并非是短时间内能够看到效果的一种投资手段，不是凭借投资者的一时兴起就能成的，它需要投资者长期的经验积累以及自身有效理财习惯的养成，这样才能真正地实现“钱生钱”“利生利”。

一般来说，良好的理财习惯体现在以下几个方面。

（1）详细记录并计算收益情况。

记录收益情况不仅是衡量收益的重要依据，同时也是帮助投资者积累理财经验、分析理财规律的重要参考内容。

例如，购买某理财产品之后，每天可以根据查看或记录“收益明细”来关注收益动态、准确判断该产品的风险属性，以帮助自己权衡利弊、有效改善当下的理财行为。

相反地，如果没有长期的、有条理的、详细的记录，有效的理财规划是不可能实现的。

因此，在理财之初，详细记录自己的收益情况是十分必要的。具体方法是建立一个档案，帮助自己逐日、逐月地记录该理财产品的收益情况。

---

① “马太效应”指强者愈强，弱者愈弱的现象。反映的社会现象是两极分化，富的更富，穷的更穷。

（2）明确经济目标。

对于投资者来说，缺少了明确的目标和方向，便无法做出精确的预算；没有足够的吸引力和投资动力，自然也就不能达到所期望的 2 年、5 年甚至是 10 年后的目标。

因此，投资者需要确定自己的经济目标，保证自己拥有一个清晰、明确、真实，并且具有可行性的经济目标，进而帮助自己在经济目标的引导下实现稳定盈利。

（3）确定净资产。

绝大多数理财专家认为，投资者只有清楚每年的净资产，才能准确地判断出自身距离经济目标的差距，才能确定自身到底是盈利了还是赔本了。所以，投资者在前期做好经济记录的同时也需要确定净资产，以及净资产占总资产的比重。

（4）记录收入及花销。

明确自身的收入及花销是非常有必要的，投资者需要将每个月的工资、奖金、额外收入等汇总，准确计算出每个月的总收入，同时，确定每个月的现金消费、支付宝消费、微信消费以及银行卡消费等的金额。

（5）确定预算，并参照实施。

确定预算的主要意义在于它能够帮助人们在日常点点滴滴的消费中发现大笔款项的去向，帮助人们制订出更为合理的理财目标，最终作为参照并实施。

（6）削减开支，积累投资数目。

所有的财富累积并不是依靠大笔的投入实现的，点滴的投资积累也是实现财富目标的重要途径。例如，如果每个月多存 200 元，形成一个固定的长期投资，随着投资时间的拉长，复利的作用就会越来越明显，投资所产生的收益就越多、越明显。所以，从每个月中削减一部分开支，从小数目开始投资，这样随着存量的累积，收益会成倍增长，最终财富就会积少成多。

综合来看，培养以上六大习惯，能够引导投资者快速做出实践行动、找到理财的方向、掌握理财的方法，进而快速、正确地走上理财之路。

3. 进入财富的良性循环

"马太效应"固然残酷，但如果一个普通人能够找到正确的财富突破口，进入到财富的良性循环中，必然会创造出更多的价值和财富。

（1）理财平台搭建就绪，理财产品的选择决定财富趋势。

近几年来，互联网技术逐渐成熟，网上理财平台纷纷涌现，例如百度理财平台、网易理财平台、腾牛理财平台、支付宝理财平台等。其中，仅仅在支付宝页面内就细分出了多种理财产品，如活期理财、定期理财、基金、股票等。

从现实条件来看，各类理财平台已经搭建就绪，并且随着理财平台的逐渐成熟，将会吸引更多的投资者加入。对于投资者来说，拥有投资的先机意识，并且树立合理的理财观念，是拥有更多财富的起点，也是有效利用财富的手段。

（2）理财投资安全第一，可靠的投资平台最为重要。

良性的财富循环以低风险、高收益率为基础，以可靠的投资平台为保障。对于投资者来说，理财的安全性应该放在第一位。随着理财产品的多样化，一些理财"陷阱""诱惑"也随之而来，这不免让一些非法的理财平台有了可乘之机。

对于投资者来说，一方面，要有防范风险的意识，了解更多的专业理财知识，进而帮助自己有效辨别、有效选择；另一方面，需要培养足够的投资耐心，毕竟任何财富都不是触手可及的。

总之，收入的两极分化不能仅仅归咎于“马太效应”，是否拥有理财意识以及是否具备理财能力也是造成财富差异的重要因素。对于投资者来说，有效借助理财的“东风”，是实现财富逆袭的重要途径。只有找到合适的投资风口，才能拥有更多的财富。

第二章 投资理财"钱生钱"必须关心和克服的问题

简单来说，投资理财就是通过合法的手段，让你的钱"生出"更多的钱，让你的财富增值，让你的生活水平提高。虽然理财不是一件难事，但其中蕴藏着高深的学问，需要用心去钻研。在投资理财的过程中，难免会遇到各种各样的问题，例如，手头没有积蓄，如何积累原始资金？信用卡的钱还没还，如何理财？工资都在银行卡里存着定期，为何一年下来还是攒不到钱？究竟如何利用理财知识中的"复利倍增效应"？如何掌控自己的现金流，让自己的每一笔钱都发挥出最大的效用……这些都是很多初学理财的投资者遇到的问题，也是投资理财必须关心和克服的问题。只有解决这些问题，才能更好地进行投资和理财。

一、 如何快速积累原始资金

很多上班族都渴望通过理财来实现自己的财富梦。因为大多数人都很清楚地知道，“朝九晚五”地工作，很难跟财富沾上边。但通常他们只是心里想想，很少采取实际行动。实际上，不是他们不想行动，而是有一座高山挡在前面——没有原始资金。这个阻碍让很多人望而却步。因此，对于积蓄不足的人来说，要想理财首先要做的是积累原始资金。

1. 节流：减少不必要的消费

节流是传统的积累原始资金的方法。父母那一辈，虽然他们中很多人不会理财，但懂得积累原始资金。但是新生代消费者，节流意识相对匮乏。他们的消费理念是“喜欢就买，开心就好”，至于买回来的东西对自己有没有价值，会不会用，他们并不在意。也正是这些不必要的消费，无意中导致了资金流失。因此，积累原始资金，一定要加强自己的节流意识。而节流，就是要把每一分钱花在刀刃上。

（1）记账。

当代的年轻人很少有记账的习惯，他们不知道自己花了多少钱、在哪些方面花了钱，一个月下来，稀里糊涂的钱就没了。尤其是现在进入了“无现金”支付的时代，出门买东西时手机“扫一扫”，钱就花出去了，这使得年轻人的节约理念更为淡薄。

要想节流，一定要明确清晰地将自己每个月收入和开销的具体情况记录下来。这样做的目的是方便自己对收入和支出情况进行客观分析，让自己明确地知道哪些钱该花、哪些钱不该花。在具体分析出结果后，要对下个月的支出情况进行调整。

第一，收入。一般来说，收入都是基本工资，没有太大的增长。所以，等工作稳定后，业余时间多了，很多人会考虑找一个时间不冲突，且在自己能力范围内的副业来增加收入。

第二，花销。要通过记账对自己平时的花销有大致的了解，并对这些花销进行具体的分类：如周期性的必要花费（房租、水电费、物业费等）；不必要的花费（因超市打折促销而购买的商品等）；固定消费（交通费、餐饮费等）。

（2）减少开支。

控制日常生活开支也是帮助人们积累原始资金的有效方法。日常生活开支多体现在吃穿住行等方面的消费。

如今，打车软件盛行，很多人有出门就打车的习惯，这样一个月算下来，打车消费是一笔不小的开销。那么，如果不是遇到紧急情况、特别赶时间的话，可以选择公交、地铁、单车等出行方式。这样，既能节省资金，又能达到环保的目的。

（3）强制储蓄。

所谓强制储蓄，就是每个月的工资发下来后，扣除必要开销，强制自己拿出一部分进行储蓄。这个额度不需要太多，只需根据自己的实际开销来综合考量，尽量不要影响到自己的日常开支。节流的本质是在不影响生活质量的前提下，减少不必要的花销，让钱花得更有意义。

2. 开源：拓展渠道，让财源广进

节流是一个比较漫长的过程，短时间内很难看到效果。所以，想单单靠节流来积累原始资金，是一件很难的事情。所以人们常常将"开源"和"节流"两个词放在一起，简言之，除了节流，还要学会开源。

（1）拓展收入渠道。

要想开源，首先肯定是要拓展收入渠道。现今年轻人提倡斜杠青年①。所谓的斜杠青年，会用斜杠来对自己的身份或职位进行划分，如摄影师/作家/画家。而成为斜杠青年，正是当代人拓展收入渠道的极好方式。那么，如何找到自己的"斜杠"呢？

首先，发现并发挥自身特长。很多人会写作、画画，而在网络发达、平台众多的当下，可以将这些特长变现。

其次，善于利用空余时间。找一份相对轻松的兼职，赚取一些额外的收入。

最后，开发有创意的想法。现在很多投资者，缺的不是钱，而是有创意的想法。如果你的创意刚好符合他人的要求，那么恭喜你，你找到了快速积累原始资金的办法。

（2）学会投资理财。

通常情况下，人们抱怨没有钱理财，并不是真正的没有钱，而只是资金有限。例如，一个人每个月的工资3000元，觉得拿出1000元来理财可能会被人笑话。很多人认为必须有个几十万元、上百万元，才谈得

---

① 斜杠青年来源于英文"Slash"，出自《纽约时报》专栏作家麦瑞克·阿尔伯撰写的书籍《双重职业》，指的是一群不再满足"专一职业"的生活方式，而选择拥有多重职业和身份的多元生活的人群。

上理财，其实并非如此。稍微了解一点理财知识的人都知道，钱是可以“生”钱的，就像滚雪球一样，越滚越大，并不会因为钱少而滚不起来，只是幅度大小的问题。

因此，开源的一个渠道就是学会理财，知道如何将自己的“小雪球”滚成“大雪球”。如果你有资本，即便再少，只要长期坚持理财，就一定会积攒成更多的财富。千万不要认为理财的门槛高，自己进不去。现在市面上的理财平台和理财产品多种多样，而且普遍门槛比较低，大部分都是比较亲民的理财产品。所以，理财的起步不取决于门槛的高低，而取决于理财的决心与付出。

可以通过阅读相关的书籍、收听或观看节目来收集和关注相关理财信息、金融市场的动态，这样能在一定程度上把握当下和未来的理财趋势，抓住一切可能的机会。

此外，学会投资自己。相信自己永远是最大的潜力股，要多花时间学习知识技能，提高自己。

3. 坚持：唯有持之以恒，才能快速积累原始资金

资金，重点在于“积累”二字。既然是积累，必然就需要一定的时间。这一阶段需要的是耐心和时间。

想要快速积累原始资金，一定要有一颗坚定的心，否则无论怎么开源节流，财富也终将与你无缘。刚开始积累资金时，钱少收益更少，想放弃是正常的。这时候，坚定决心、强制自己储蓄、控制自己的花销是非常必要的。唯有持之以恒，才能实现原始资金的快速积累。

二、 如何甩债

有句话叫“冷，冷在风里；穷，穷在债里”。对于“负债”这个词，相信对于当下的很多年轻人来说并不陌生。而现在的负债跟以往传统意义上的负债有所不同。现在人大多是秉持着“拿明天的钱，圆今天的梦”的消费观，常常入不敷出、风险消费，因而走上负债之路。

1. 负债的类型

贷款买房、贷款买电子产品、贷款买奢侈品等，这些给人造成了很大的压力，甚至影响了人们正常的生活和心情，就更不用说让这些负债的人理财了。为了改变这种状况，唯一的出路就是甩债；而想要甩债，首先必须明确清楚地了解负债的原因。通常情况下，根据负债人群的特点，可以将负债分为四种类型。

（1）自信型负债。

这一类负债人群通常是受过高等教育、有稳定收入、对生活品质各方面的要求都比较高的人。他们对自己的能力充满信心，不会担心生活或事业上会出现什么问题。为了享受和消费，他们会通过负债把将来的钱拿来提前享用，充分用未来的钱享受现在的生活，并且他们相信，凭借自己的能力完全能够如期偿还，贷款对他们来说并不会造成压力。

（2）被动型负债。

所谓被动型负债，就是不得已的负债。虽然现在人的收入和生活水平相较于以前来说明显提高了，但是被动型的负债也随之增加了，例如“车贷”“房贷”。尤其是“房贷”，这是典型的被动型负债。这种负债是当下最为常见的，也是最令人烦恼的。中国很多人都有这个观念：结婚要买房。买房似乎已经成了很多年轻人结婚的必备条件，但是以现在的房价，仅凭一个人的基本收入显然是不可能的事情。然而，很多人硬着头皮按揭也要买房。

（3）跟风面子型负债。

跟风面子型负债主要体现在人际交往上。如今，多数人都会有很多“圈子”。在“圈子”里待久了，难免会相互影响。

例如，朋友之间喜欢相互比较，炫耀车子、电子产品、化妆品等，这就助长了攀比的不良风气。很多人为了让朋友羡慕自己，进行攀比消费。长此以往，难免会陷入负债累累、难以偿还的境地。

（4）主动投资型负债。

还有很少一部分人，会选择主动负债，用这笔钱来投资。简单来说，就是用借来的钱帮自己赚钱。例如，很多大学生毕业后选择的“大学生创业贷款”，虽然这类贷款最后也同样需要本金利息一起偿还，但是在经营顺利的情况下，除了本金和利息，还能获得相应的利润。主动性负债的目的是给自己带来更多收益，而不是盲目地消费。从某种程度上来说，主动负债可以作为个人财产的一部分，能帮助个人实现财富梦。

根据以上四种负债的特点，可以将其划分为两大类：不良负债和良性负债。不良负债，不但会给人们的经济造成很大的负担，还会给人们的身心带来很大的压力，很多人会因为无法偿还债务，陷入绝境之中。而良性负债，会给人们带来更多的利益，让生活更加富裕。

2. 甩债的几种方式

在实际生活中，负债似乎成了一件不可避免的事情。面对这些头疼的债务，如何进行有效甩债呢？可以参考以下几种方式。

（1）消除不良负债习惯。

通常情况下，不良负债都是过度信贷造成的。随着生活水平和个人收入的不断提高，人们的消费水平变得越来越高，信贷规模也越来越大。很多人变成了“卡奴”“房奴”“车奴”，所以常常会出现入不敷出、难以偿还债款的现象。为了减轻不良负债带来的压力，甩开不良负债，首先要清楚地了解生活中有哪些常见的不良负债。

第一种：消费型负债。

这类负债产生的原因主要是：人们出于享受生活的目的，常常会购买超出自己能力范围的奢侈品。除了能满足虚荣心，其实这并不能给自己带来任何利益。

例如，很多刚毕业的大学生，为了面子，会买价格昂贵的包包和护肤品，这显然超出自己的能力范围。这种完全为了面子的消费，虽然得了面子，却也让自己过上了艰难的日子。所以，理性消费非常重要。

第二种：过度负债。

这类负债是指个人因为负债或者其他事情需要缴纳的金额超过了其月收入的 50%。也就是说，一个人的月收入要拿出一半来还债，剩下的可供自由支配的金额很少。这种负债不仅会影响个人的正常生活，也会因为制造的压力过大而影响身心健康。所以，负债要有个度，一旦接近 50%，就要提醒自己注意。否则，一旦工作或收入上出现什么变故，就会使自己陷入无法偿还债款的窘境，日子会越过越艰苦。

第三种：过度使用信用卡。

如今，信用卡几乎是人手一张，甚至人手很多张。人们享受着信用卡的便捷，而这种便捷也让很多人感觉不到自己在花钱。可事实上，信用卡并非不用支付，它只是给了支付缓冲的时间。例如，某商品价格 5000 元，分 10 期支付，每个月只用偿还 500 元，这让很多人觉得很轻松。但是这种想法，容易导致消费无节制，很快就会刷第二个 5000 元、第三个 5000 元……这样的话，即便分期，一个月需偿还的也不是个小数目。而且信用卡一旦逾期，利息会相当高。所以，在使用信用卡的时候，一定要注意以下两个问题。

- 理性对待信用卡固定额度的调整。多数银行是每三个月统计分析一次信用卡持卡人的用卡记录（消费和还款记录），根据用卡情况评估持卡人的信用，进而调整其所持信用卡的授信额度。但需要注意的是，信用卡额度提升并非好事，因为很多人会随着额度的提升，消费更多，从而增加自身债务。所以，每个人还需根据自己当下的收入和还债能力，理性消费。
- 设置还款提醒。信用卡虽然本身会提前通知还款日期，但是很多人每天都会收到大量的信息，难免会错失银行的信息。因此，可以在手机日历上备注还款日期，加强提醒。

（2）控制良性负债。

通常情况下，良性负债分为两种。

第一种：每月还款金额不超过个人或家庭月收入的 38% 的债务。

虽然这类债务也是需要每月偿还的必要账务支出，但是这部分债务并不会给人们造成很大的经济压力，不会影响正常的生活。

2016 年 10 月 21 日，中国人民银行营业管理部根据《中国人民银行 中国银行业监督管理委员会关于调整个人住房贷款政策有关问题的通知》提出要求：各银行要严格执行借款人偿还住房贷款月支出不高于其月收入 50% 的相关规定，对购房人收入证明要认真把关。

因此，每个人都应该根据个人月收入情况以及还款比例要求合理还款，尽量不超出还款警戒线。

第二种：能带来利益的投资负债。

很多人想要投资，但是苦于手头上没有资金，于是会通过贷款的方式，借钱投资。虽然每个月都跟正常的贷款一样需要还本金利息，但是会有收入。例如，贷款买房，再将房子租出去，租金就是收益。这类贷款会增加收益，而且时间越长收益越多。

（3）学会理性投资。

很多人为了快速摆脱负债，选择了“孤注一掷”的投资方式。俗话说：“投资有风险，理财需谨慎。”所以，“孤注一掷”是不成熟的投资方式，很有可能让自己陷入窘境。因此，要想尽快甩债，一定要学会理性投资，具体做法如下。

第一，把握尺度。任何事情都有两面性，尤其是投资。这中间会因为市场环境变化、自身操作等原因，导致投资失败。如果将全部积蓄投进去，那就等于断了自己的后路。因此，投资一定要根据自己的情况，把握好尺度。

第二，把握方向。投资有风险，所以在投资的过程中，一定要关注金融理财方面的新闻信息，对自己的财务状况及时跟踪并进行分析，及早预估风险，并随之调整理财计划。

三、 你会存钱吗

你会存钱吗？看到这个问题，很多人都会纳闷，存钱难道不是人人都会的事情吗？人们从小时候起就有存钱的意识。例如，家长送小朋友一个储蓄罐，小朋友会把平时的零花钱塞进去。这是人们最初对于存钱这一概念的了解。上大学时，家长会把钱打进银行卡里；工作了，老板会将工资每月按时打进银行账户里。很多人认为，这一过程就是在存钱。但是仔细想想，这些钱真的“存”了吗？

其实，你只是把钱“放”在了那里。存钱并不是简单地将钱丢进储蓄罐，也不是固定地将工资存进银行卡，真正意义上的存钱是一门生活的学问，更是一种理财方式。如今很多人把钱存进银行，只是为了规避风险，为了找个安全的地方储存资金。即便利息少，甚至没有利息，他们都愿意把钱存在银行。而真正意义上的存钱，是“钱生钱”“利滚利”。

小张最近开始对理财很感兴趣，但自己是“理财小白”，对理财知识一窍不通。于是，他去询问在这方面比较有经验的小李，小李举了个很简单的存钱案例：假如你今天去银行，往里面存入一年定期的30元，明天再去银行，往里面存入一年定期的30元，后天再去银行，同样往里面存入一年定期的30元。一个月下来，本金就是900元。一年下来本金就是1.08万元。如此循环下去，直接转存，每天都会产生收益，而且每一笔钱存的都是一年期，最后银行的利息可以完全转化成收益。

当然小李的说法并不现实，人不可能每天都跑到银行去存钱。但不可否认，这种方式打破了人们以往传统的存钱观念。以前人们都喜欢把手头闲散的钱积攒到自己认为足够多、可以拿去储蓄的时候，才会存入银行。其实，真正意义上的存钱，应该是随时使自己手头的闲钱流动起来。那么究竟如何做，才能让自己的闲钱流动起来，才能真正学会存钱呢?

1. 挑选合适的存款方式

（1）组合储蓄。

组合储蓄是一种存本取息和零存整取相结合的储蓄方法。

假设手头上有10万元以存本取息的方式存入银行一年。根据中国人民银行2018年8月1日公布的“央行金融机构人民币存款基准利率调整表”：一年存本取息的年利率为1.10%。

那么，每个月的利息为100000元×1.10%/12≈91.67元。一个月后，将第一个月的利息取出来，并且再开设一个零存整取的账户，将所得利息存进去。每月如此循环，固定将月利息取出，存入零存整取账户。最终，不仅可以通过存本取息获得存款，通过零存整取还获得了额外收益。

（2）金字塔储蓄。

传统的存钱思维是：如果手头有一笔1万元的闲置资金，可能大多数人会将这1万元存个“一年期”，但是也许到了第二个月急需2000元，就不得不将这笔钱取出来，那么利息也就损失了。这显然不是一种划算的储蓄方法，很容易让自己损失利息。金字塔储蓄法也许是更好的选择。

所谓的金字塔储蓄，就是将一笔资金按照由少到多的方式拆分为几份，并分别存成定期。例如，如果手头上有2万元，可以将这笔钱分成2000元、4000元、6000元和8000元四份定期存单，分别存一年定期。这样做的目的，是防止自己有额外的资金需求时造成不必要的利息损失。如果急需3000元，可以将4000元的那一部分取出来，其他三部分的利息不受影响，这样就减少了不必要的利息损失。

（3）短期自动转存。

短期自动转存业务是指储户开立定期存款账户时，与银行事先约定进行短期自动转存。即储户约定后的定期整存储蓄存款到期后，银行将把储户约定的存款的本息（税后）进行自动转存。

也就是说，假设手中存款预计在几个月内不用，这时，可以选择定期3个月或6个月自动转存。

例如，将10万元的存款办理了短期自动转存业务，先存3个月定期，根据中国人民银行2018年8月1日公布的“央行金融机构人民币存款基准利率调整表”：3个月定期存款的年利率为1.10%。那么，3个月定存就可以获得利息100000×1.10%/12×3=275元。如果在这3个月内，这笔钱用不到，就可以连本带利继续转存，这种方式也叫“利滚利”。需要注意的是，在办理自动转存业务之前，需要弄清楚银行是否有自动转存业务。

（4）阶梯储蓄。

每次银行利率上调，都会让人们挤破头去银行排队存款。其实，这种临时的转存，并不能带来更多的收益。而阶梯储蓄，则能够很好地应对利率的调整，并且能够获得较高的定期利息。

所谓阶梯储蓄，指的是一种分开储蓄的理财方法，操作方式是将总储蓄资金分成若干份，分别存成一年、两年、三年的定期。

例如，将9万元分成2万元、3万元和4万元三份，分别存成一年、两年、三年的定期存款。当一年的存款到期，转存成三年。两年的到期，一样转存成三年。这样，以后9万元的三份资金都是三年的定期存款。但实际上，资金却是相隔一年的。因为，每一年都会有一笔资金到期。最终，用一年流动性，拿三年的利息。这就是阶梯储蓄。

通常，阶梯储蓄适用于加息周期中。一方面，转存不会造成利益损失；另一方面，再转存还能够享受新的利率政策。

（5）择优存款。

买东西讲究“货比三家”，存款也需要择优，即选择利息较高的银行进行储蓄。

如何有效选择利息较高的银行进行存款？首先，需要及时关注各大银行动态，关注各大银行的利率调整。然后，比较各个银行之间的利率高低，从优选择。

2. 存款注意事项

（1）跟银行约定自动转存服务。

在存款时，应该与银行事先约定自动转存服务。这样做，一方面，可以避免存单到期后忘了转存，或者转存不及时造成的损失。另一方面，利率不稳定，会随时变动，如果没有开通转存服务，存单到期后，如遇利率下调，那么后期续存会按照下调的利率来计算利息；但是如果开通了转存服务，则会按照下调之前较高的利率计算。如果后期利率上调，那么也可以将之前的本金和利息取出来，重新再存。

（2）定期存款需要提前取款的应对策略。

生活中难免会有急需用钱的时候，但是如果定期存款未到期，把它取出来的话，利息就损失了。面对这种情况，一般有两种选择。

一是办理部分提前支取。根据银行规定，定期存款的提前支取分为部分支取和全部支取两种。因此，人们可以根据自身实际需要，办理部分提前支取。而剩下的存款可以按照原有的年利率、存单存款日以及原到期日计算利息。

二是办理存单抵押贷款。可以使用原存单作抵押申请办理小额抵押贷款，这样可以有效减少利息的损失。例如，假设存定期 2 年存款 1 万元，现在急需用钱，这时如果申请抵押贷款用期 1 年，就会减少不必要的损失，比提前支取多获得收益。

四、 复利倍增的魅力

在理财领域，有人把复利称为世界上最赚钱的方式，因为它能够让你的钱“生”出更多的钱。

关于复利，有一个很古老的故事，可以帮助大家理解这一概念。

以前有一个特别喜欢下象棋的国王，棋艺高超，在这个国家，没有人能赢他。为了找到真正的对手，国王下了一道诏书：凡是能赢他的人，可以提出任何要求，国王有求必应。诏书发布下去后，有人拿到诏书来到王宫。经过激战，最后这个人胜出了。国王为了兑现承诺，问他要什么，那个人回答：“我只要国王在棋盘的第一个格子上放 1 粒麦子，第二个格子的麦子是第一格的倍数，也就是 2 粒，第三个格子放 4 粒，以此类推，以后的每一个格子麦子的数量都是前一格的 2 倍，直到最后把这个棋盘放满。”国王一听笑着说：“这岂不是一件很简单的事情。”于是吩咐人拿来一些麦子。但是放着放着国王发现，这并不简单。这样放下去，即便把粮仓里所有的粮食都拿出来给他，也不够。

虽然开始只是1粒麦子，起点很低，数字很小，但是通过不断乘积，这个数字将会庞大到超乎人们的想象。这就是复利倍增的魅力。

关于“复利”这一概念，金融学上还有一个与之相关的“72法则”。所谓的“72法则”，就是以1%的复利来计息，经过72年以后，你的本金就会变成原来的一倍。这个公式好用的地方在于它能“以一推十”。

例如，最初投资金额为1万元，假设复利年利率为4%，利用“72法则”将得出72/4=18。即需约18年的时间，投资金额可以滚存至2万元。

通过“72法则”，可以大致计算出本金翻倍的时间。需要注意的是，“72法则”并不能精准算出具体的年限，它只是一个大概的估值，但总体上来说已经与具体年限十分接近。

在进行理财规划时，人们常使用“利滚利”来形容某项投资获利快速、收益惊人。其实，复利的时间乘数效果，正是这其中的奥秘所在。因此，在具体的理财实践中，了解复利的运作和计算也是非常重要的。

1. 复利和复利效应

何为复利？复利是一种计算利息的方法，按照这样的方法，利息除了会根据本金计算外，新产生的利息同样可以生息。因此，人们称其为“利滚利”“息生息”“驴打滚”。只要长期坚持这一理财方式，财富增长的速度就会越来越快。随着年期的增加，复利效应也会越来越明显。

复利，在理财知识中，是一个非常重要的概念，由此产生不断增加的财富，即人们所说的复利效应。这种效应，会给人们的财富带来非常深远的影响。

假设投资者每年拿出5万元进行债券投资，年利率为3%。如果他将这些利息之和连同本金再做新一轮的投资，将复利公式摊开来看，“本利和=本金×（1+利率）^{期数}”。10年后，他的资产总值将变为50000+50000×（1+3%）+50000×（1+3%）^{2}+……+50000×（1+3%）^{10}。以此类推，一年又一年（或一月又一月）地相乘下来，数值自然会越来越大，这就是复利效应。

关于复利效应，西方还有一个比较著名的案例：假设美国原住民于1626年愿意以60荷兰盾出售现在曼哈顿的土地，然后将这60荷兰盾存到银行，每年的年利率是6.5%。那么，按照这个复利利率来计算，到了2005年，他们就能获得一笔巨款。

正是因为复利的倍增速度太快，对于理财有着重大的影响意义，所以在过去，人们对于复利的把控是格外严格的。

2. 复利的特性

（1）复利的目标导向性。

复利是一个漫长的过程，一朝一夕是无法实现财富梦的，所以需要具备足够的时间和耐心。

小李最近得到了一笔5万元的奖金，准备投资理财。他之前了解过复利这一理财概念，觉得可以利用这笔钱“滚利”。

复利不是“一口气就能吃成胖子”。简单来说，复利是以最终结果为导向的。因此，每个人在理财之前，需要根据自身资金状况制订一个明确的计划和目标，目标一定是清楚、具体、量化的，理财者要清楚地知道自己每天的收益和投资。

（2）复利的时效性。

复利讲究时效性，要早不能晚。懂得理财和执行力强的人都会提前行动，这样不会浪费时间。因为浪费时间，对他们来说就意味着金钱的损失。

对于会理财的人而言，时间比金钱更重要，一旦没有了时间，复利也就等于失效了，无法发挥出其原本的巨大能量。所以，理财要做好计划、确定目标并及早行动。否则，你的财富梦终究是一个无法实现的梦。

综合来看，复利是一个长期的过程，可以维持一个趋势，它不是一个短暂的片段。正因如此，不管是在生活、工作还是理财中，都需要保持一个良好的心态，不断坚持并有效利用，让财富倍增，让"雪球"越滚越大。

五、 现金流的秘密

很多人认为，解决财务问题最好的办法是赚更多的钱。实际上，这种方法并不能很快解决财务问题，反而会让财务问题变得更大。因为如果钱是固定不流通的，根本问题就得不到解决。这就像罗伯特·清崎在《富爸爸，穷爸爸》里面提到的：如果现金流是真正的问题所在，那么再多的钱也解决不了问题。所以说，真正能解决问题的是掌握自己的现金流。

1. 什么是现金流

现金流，即现金流量。它是指企业在一定会计期间按照现金收付实现制，通过一定经济活动（包括经营活动、投资活动、筹资活动和非经常性项目）而产生的现金流入、现金流出及其总量情况的总称，即企业一定时期的现金和现金等价物的流入和流出的数量。

例如，销售商品、提供劳务、出售固定资产、收回投资、借入资金等皆属于现金流入；而购买商品、接受劳务、购建固定资产、现金投资、偿还债务则属于现金流出。综合来讲，现金流是衡量企业经营以及个人收入状况是否良好、是否具有足够的现金偿还债务、资产的变现能力大小的重要指标。下面这个案例可以帮助读者有效理解现金流。

一个游客路过一个小镇，当时天色已晚，需要住宿。于是他走进旅馆，给了店家1000元现金，定了一间房。在他入住之后，店家将这1000元现金给了旅馆对面的屠夫，支付了这个月的肉钱。屠夫拿到钱之后，去养猪的农夫家把之前买猪欠下的钱还清了。而农夫又拿这笔钱去付了之前的猪饲料款。接着，饲料商拿着这笔钱还清了之前的赌债。最后，赌徒又拿这笔款去旅馆还了欠下的房钱。最终，这1000元又回到了店家的手里。就这样，因为游客的1000元，大家的债务都还清了。要是没有这1000元的现金，大家就还会相互不断追债。而经由外地客人带来的这1000元现金的流动，大家的债务很快就全部解决了。

从整个故事来看，解决小镇上人们财务问题的重点在于外地客人的这1000元现金。当这笔现金流动起来时，小镇上人们的财务问题便得到了有效的解决。这个故事巧妙地解释了现金流在现实生活中的作用。因此，对于财富的管理，除了需要学会存钱，更应该学会掌握自己的现金流。

2. 如何掌控现金流

通常，人们拿到工资会将其中一部分用于日常花销，剩余部分存进银行。在这个过程中，当进行商品消费时，现金自然就流向了商家，而人们获得了商品。商品会随着人们的使用而消耗、消失，但是金钱不会，它最终成了商家的财富。

想要改变这种现状，并掌控好现金流，需要做到以下两个方面。

（1）避免大量现金流出，养成以资金为本的好习惯。

真正意义上的理财，一定要养成以资金为本的思维习惯。需要时刻明确两个问题：第一，现在的资金和上期相比是增加了还是减少了？第二，钱到底花在哪里了？

一般情况下，企业可以根据比较现金流量和净利润之间的关系来分析企业的盈利状况。对于个人理财也是如此，可以根据自己每个月的现金流量和收入来分析自己整体的财务状况，真正做到理性消费，避免不必要的现金流出。除此之外，想要掌控现金流，还需要集中减少个人债务问题。

（2）增加个人投资，让现金流动起来。

当人们拿出工资的一部分来投资盈利项目时，不仅使部分现金得到了有效留存，同时它也会不断为人们创造利润，这也意味着现金开始流动起来了。

3. 现金流的法则

（1）收益不是现金。

对于"现金流"这一概念，很多人都存在误解，认为收益就是现金。其实收益并不是现金，只是会计账务处理。简单来说，人们需要知道的是，收益不能用来支付账单。

例如，购买一款理财产品，初期预估会带来收益。于是，人们提前支取预估收益购买了商品，后期因理财产品利率下调，并没有如期拿到这笔收益。那么这时候，人们就要面临财务问题。因此，当头脑中的收益没有兑换成实际现金时，人们仍然需要保持理性消费，避免出现资金紧缺的状况。

（2）现金流无法凭借直觉判断。

很多人习惯性认为，每个月工资发多少，现金流就会增加多少。但实际并非如此。蚂蚁花呗还款、信用卡还款、朋友之间的还款等，任何一个资金上的空缺都需要人们用工资去填补。所以，现金流并不是凭个人来判断的，它是一个系统的过程，不能凭单一环节就判断出现金流是增加了还是减少了。

（3）增长会耗费更多的现金。

这一点其实不难理解。例如，某公司老总决定拓展公司业务，这也就意味着需要耗费更多的经营成本，即耗费大量的现金。

（4）存货耗费现金。

人们大部分的消费并不是生活必需品，而是因为一时的喜欢而购买的一些用处不大的商品。而当购买商品的时候，也就是人们跟商家结清账款的时候。从某种意义上来说，闲置的商品越多，消耗的现金就越多。

（5）资本才是财务的核心。

很多人认为，花钱买了很多东西，这些资产就是自己的财务。其实并非如此。因为很多情况下，这些资产已经很难变成现金流。只有在流动资产减去流动负债后剩余的部分，才是真正的财务核心，而这部分就是属于人们自身的资本。

（6）理解“应收账款”。

“应收账款”是一个会计名词。简单理解，就是别人欠你的钱。所以，“应收账款”越多，表示现金就越少。

（7）提前做好计划。

对于要掌握自己现金流的人来说，一定要对自己的现金制订一个完整、详细的计划。例如，清楚地记录自己的收入、支出。

总而言之，现金流是积累财富的核心秘密。想要掌握好理财的正确方向、实现自己的财富梦，就必须要发现现金流的秘密，并积极探索这一秘密，找到自己资金的方向，并养成以资金为本的思维习惯，从而让钱“生”出更多的钱。

第三章 投资理财“钱生钱”战略性的资产分配规划

投资理财并不是将自己所有的积蓄都押注到某一个理财产品上，而是利用理财工具分配自己的资产，使资产发挥出最大的价值。为此，在资产分配的过程中，首先需要考虑的是个人及家庭的资产状况，然后根据整体状况来制订资产分配的计划。这应该是长期的计划，需要考虑到当下和未来。当下就是投资理财规划和当下的花销，即现金、消费支出规划，而未来就是保险规划、退休养老规划等。只有将这些环节都做好具体、详细的规划，才能更好地享受当下、展望美好的未来。

一、 个人及家庭的资产现状分析

个人及家庭资产的多少是衡量一个国家经济发展水平和居民富裕程度的重要指标之一，也是个人理财必须考虑的因素。一个真正懂得理财的人，必定是对个人及家庭资产有详细分配计划的人。

小张在一家中型民营企业上班，收入算中等偏上。但是几年下来，他根本没攒到钱。最近小张决定换一辆好一点的车，他问妻子银行里存了多少钱，妻子说：“所有银行存款累计在一起不到 10 万元。”这让小张感到十分困惑：家庭年收入 24 万元左右，按常理来说，除去基本生活开销，应该足够买一辆不错的车了，可不知是何原因，却落得没钱买车的境地。

生活中，类似小张这样的人很常见，他们总觉得自己收入不低，一定会攒到钱。但到需要用钱的时候，他们会发现银行卡里根本没有多少积蓄。实际上，这就是缺乏理财意识、对自己及家庭的资产现状不了解的结果。所以说，只有深入了解和分析个人及家庭资产内容、及时合理地计量，才能帮助人们有效设定理财目标并选择合适的理财产品组合。

1. 个人及家庭资产内容

（1）金融资产。

金融资产，是指单位或个人所拥有的以价值形态存在的资产，是一种索取实物资产的无形的权利，是一切可以在有组织的金融市场上进行交易、具有现实价格和未来估价的金融工具的总称。金融资产的最大特征是能够在市场交易中为其所有者提供即期或远期的货币收入流量。通常情况下，金融资产分为两大类。

第一类：现金与现金等价物。现金与现金等价物是指个人拥有的以现金形式或者高流动性的资产形式存在的资产。通常情况下，现金和现金等价物包括现金、活期存款、定期存款、其他类型银行存款、其他现金资产等。

第二类：其他金融资产。其他金融资产包括债券、基金、期货、股票及权证、人民币及外币理财产品、证券理财产品、保险理财产品、信托理财产品、互联网金融理财产品、个人社保养老金余额等。

（2）自用资产。

自用资产是指个人或家庭在生活中必须购买的资产，如房子、车子、家具、家电等。个人及家庭的理财目标之一就是要积累个人资产，虽然这样不能产生增值收入，但是它能提供个人及家庭消费。

（3）奢侈资产。

奢侈资产通常是个人使用的，而不是家庭生活所必需的。奢侈资产主要取决于家庭对奢侈品的认知和需求。主要包括高档的包、珠宝、艺术收藏品、别墅等。

（4）无形资产。

无形资产主要是指专利、商标、版权等知识产权以及土地使用权。

2. 个人及家庭资产的计量方法

要想充分掌握个人及家庭的资产现状，一定要了解资产的计量方法，通常情况下，有以下三种方法。

（1）成本法。

所谓的资产成本，即购买或取得建造该项资产所需花费的代价。根据资产计价时期的不同，成本法又可以分为两种。

第一种：历史成本法。历史成本也称原始资本，它是以经济业务发生时的取得成本为标准进行计量计价的。例如，某公司三年前购买了一栋办公楼，共耗资 300 万元。那么记账时，该大楼按其实际发生的支出 300 万元入账。假设，目前该大楼的市值已达 800 万元，那么此时，仍不对其原来入账的价值进行调整，在账面上仍记录为取得该大楼时的实际成本（历史成本）。

第二种：重置成本法。重置成本是指在资产评估时按被评估资产的现时重置成本扣除其各项损耗来确定被评估资产价值的方法。这种方法相对而言比较全面，不仅考虑到了资产的现时价值，还考虑到了其在使用过程中的损耗。所以，这种计量成本的方法比历史成本法更合理。重置成本的公式为：资产计量值 = 重置成本 − 实体性贬值 − 功能性贬值 − 经济性贬值。

（2）收益法。

收益法即预期该项资产可能为个人或者家庭带来多少收入，从而计量该项资产的价值的方法。但是这种方法存在以下三个方面的缺陷。

一是没有原始凭据作为记账依据。

二是这种收益只是可能实现的收益，并不是一定能获得的真实收益。

三是收益具有不确定性。

（3）市价法（市场价值法）。

市价法，就是以该项资产的现行市价为依据，重新调整已经在账面上登记过的价值，保证实际与账面相符。如果现行市价跟账面存在差额，也就是说随着时间的变化，资产发生了增值或者减值，都应该明确做好账面登记。

3. 个人及家庭的负债内容

家庭负债包括全部家庭成员欠非家庭成员的所有债务，一般这类账务可以分为两大类。

（1）流动负债（短期负债）。

流动负债通常是指一个月内到期的负债。通常情况下，常见的个人及家庭的负债有以下几种。

第一种：信用卡透支。信用卡透支是最常见的负债。大多数情况是为了购买自己喜欢的产品而提前消费未来的钱。还有部分人会通过透支信用卡来购买理财产品。

第二种：个人及家庭借款。个人及家庭借款，通常情况下是因为生活中遇到意外情况或者重大的事情，急需借款。

第三种：医疗欠费。医疗欠费也是比较常见的流动负债。如今医疗水平提高了，医疗费用也随之上涨。一旦身体出现较为严重的问题，可能会花费巨额的医疗费用。

第四种：分期消费付款。现在很多平台都有分期付款的项目，这些项目受到了很多收入不高的年轻人的追捧。在他们看来，只需每个月拿出一点点钱，就能买到和提前享受到自己喜欢的东西，而且压力比付全款小了很多。久而久之，很多人依赖上了分期消费，有些人甚至后来每个月的待支付的分期消费总计下来都超过了自己的收入，造成了自己不小的压力。

（2）中长期负债。

个人及家庭的中长期负债是指债务到期或者多年内需要每月支付的负债，其中比较常见的有以下几种。

第一种：房贷。房贷是最常见的中长期负债，当下的很多年轻人都有此项负债。

第二种：车贷。汽车已经成了人们的生活必需品，所以贷款买车的人也越来越多，这方面的负债，其规模自然随之增大。

第三种：创业贷款。很多刚毕业或者工作两三年的创业者并没有充足的创业资金，因此很多创业者都需要申请创业贷款，这也成为当下年轻人的一项中长期负债。

第四种：其他贷款。除了上面几种常见的中长期负债，每个人或多或少都还会押有其他的中长期负债。

4. 个人及家庭的资产现状的具体分析

（1）家庭资产结构分析。

金融资产权数 = 金融资产/总资产。

一般情况下，金融资产的波动比较大。因此，如果整个家庭的金融资产权数比较大，根据这个公式，在总资产一定的情况下，金融资产会比较大。相较于自用资产而言，金融资产的获利能力远远超越了它，可以说金融资产是个人及家庭未来收入的保障。

自用资产权数 = 自用资产/总资产。

自用资产的主要目的是提供使用。一般情况下，在购房前，自用资产的比率较低；购房后，个人及家庭的收入大部分用来偿还房贷，导致无法花费更多的资金累积金融资产，所以此时的自用资产权数比较大。

奢侈资产权数 = 奢侈资产/总资产。

收入越高的个人及家庭，所拥有的奢侈资产就会越高。所以说，奢侈资产权数的大小能很清楚地反映出个人及家庭的收入水平。

（2）财务结构分析。

负债比率 = 总负债/总资产。

通常情况下，负债比率越高，也就意味着个人及家庭的总负债越高。一旦收入不稳定，很容易陷入负债无法偿还的境地。不过需要注意的是，影响总负债的原因有很多，具体要依据市场趋势来预估风险。

投资比率 = 投资负债/总资产。

投资的比率过高，很可能会给个人及家庭带来严重的经济负担。因此，需要时刻关注投资比率，及时偿还投资负债，避免财务风险超过自己的承受能力。

消费负债资产比率 = 消费负债额/总资产。

生活中，有很大一部分负债是消费过度造成的。因此，在投资理财时，一定要关注个人及家庭消费负债的资产比率，消费负债的额度最好控制在总资产额度的一半以下，超过该额度很可能造成财务风险。

（3）个人及家庭支出比率分析。

支出比率 = 总支出/总收入。

通常情况下，个人及家庭消费的支出应遵循“量入未出”的原则。尤其是在前期积累原始资金阶段，需要控制消费支出的比重，增加个人及家庭金融资产的累积，为后期的个人及家庭理财做好铺垫。

（4）家庭财务弹性分析。

自由储蓄额 = 总储蓄额 − 已经安排的本金还款或投资。

自由储蓄率 = 自由储蓄额/总收入。

自由储蓄额，即还掉每个月应该付的贷款或投资（如房贷、车贷、应缴纳的定期保费）后剩下的资金。自由储蓄率越高，家庭财产的弹性越大。一般情况下，会以自由储蓄率的10%作为下限。

总而言之，投资理财一定要对个人或家庭的资产有明确的规划和分配。而要做到这一点，就必须对自己和整个家庭的资产现状有明确的了解，然后分析并制订出符合自己及家庭的理财计划，带领整个家庭实现财富梦。

二、现金、消费支出规划

说到投资理财，很多人认为就是增加收入和控制消费支出。这样理解并没有错，但是很多人对这一概念的理解都只是停留在表层。例如，有些人会把自己的工资定期存进银行卡里，会控制自己的消费，但是，他们似乎并没有真正解决自己财务上的问题。这是为什么呢？其实，真正意义上的投资理财应该是做好现金、消费的支出规划。

小李在辞职之后又找到了一份薪水不错的工作，每月的底薪是5000元，加上业绩提成一个月能拿到8000元左右，好一点的时候能月入万元以上，这在一个二线城市，算是不错的待遇。小李想，这下应该能存到更多的钱了，但是一年下来，他发现并没有比之前存更多的钱。他的确把钱存进了银行卡里，但是花起钱来比之前更加大手大脚了，东西都是挑贵的买，一个月8000元似乎也不够花。面对这样的财务问题，小李陷入了困惑。

把钱存进银行卡，并不意味着你就懂得理财了。虽然小李的收入相对于之前来说有所增加，但是他并没有控制自己的消费，反而不断增加消费，导致存钱还不如之前多。这些问题归根结底就是对自己的现金、消费支出没有一个明确的规划。

1. 现金规划

（1）什么是现金规划。

所谓的现金规划，是指为了满足个人或家庭的短期需求而进行的管理日常现金、现金等价物和短期融资的活动。现金规划的核心是建立应急基金（紧急储备基金），以确保个人、家庭生活质量和状态的稳定性、持续性。通常情况下，现金规划包含以下几个方面。

第一，日常开支需要。这一部分的现金用来购买日常生活的必需品，如日用品。

第二，预防突发事件需要。生活中难免会出现一些突发事件，如突发疾病，这时候就需要用到现金。

第三，投机性需要。所谓投机性需要，是指置存现金以用于不寻常的购买机会。例如，遇到廉价原材料或其他资产供应的机会，便可用手头现金大量购入；在适当时机购入价格有利的股票和其他有价证券。

（2）现金规划的重要性。

对于当下投资理财的人来说，懂得现金规划是一件非常重要的事情，现金规划的重要性如下。

第一，保证日常生活所需。日常生活所需即马斯洛需求层次理论中的第一层需求——生理需求，这也是最基础的需求。简单来说，就是我们日常生活所必需的。所以，现金规划首先需要满足这种需求。

第二，应付突发事件。突发事件，顾名思义就是突然发生的事，如突然生病，或者出现一些意外情况，急需现金。

第三，为未来的大额消费做准备。很多时候，人们会知道未来将会在哪些方面耗费大额的现金，如用于结婚的房、车等。为了置办这些东西，人们需要提前做好准备，否则到时候会面临很大的压力。

第四，为援助亲朋好友做准备。朋友之间都会互相帮助，例如，朋友买车、买房急需现金。

第五，提高资金的使用率和收益。提高资金的使用率，也就是要将钱花在该花的地方，并且要学会投资理财，让钱生出更多的钱。

第六，提升财务管理能力。单单有钱，不去管理它，最终也会出现很多财务问题。所以，还需要通过学习掌握投资理财的方法，帮助自身提升财务管理能力，更好地积累财富。

（3）如何制订现金规划。

首先，要了解通常情况下，制订现金规划有三个原则。

安全性。安全性是现金规划最关键的也是最基本的原则，如果没有安全性，其他的也无从谈起。

流动性。流动性是指银行到期偿付债务的能力。人们需要保证让现金流动起来，并且要不断增加现金流量，这样才能有效地保障家庭及企业的正常运转。

收益性。收益性是要保证自己的现金能够给自身带来收益。通常情况下，资产的流动性和收益性是成反比的，所以，在现金规划的时候要兼顾这两者。

其次，要了解制订现金规划的步骤。制订现金规划分为以下几步：

第一步，明确地知道何为现金规划，深入了解现金规划的内容和原则；

第二步，了解自己的收入和支出情况，简而言之，就是要明确自己的财务状况；

第三步，根据自己的财务状况，编制负债表和收支情况表；

第四步，确定自己现金规划额度；①

第五步，对自己的现金规划进行配置。例如，在日常用品方面规划现金的使用额度；

第六步，寻找更多投资理财或融资的方式，解决超额现金需求的问题；

第七步，制订出明确具体的现金规划表，每月按照表格有效执行。

最后，要了解制订现金规划需要的工具。通常情况下，制订现金规划需要的工具有两种。

现金规划的一般工具。一般工具是指现金或现金等价物，也就是人们平常所说的各种银行储蓄品种、货币基金和短期理财产品等。

现金规划的融资工具。融资工具是指为了积累资金而产生的各类短期贷款、银行信用卡、典当融资等。

2. 消费支出规划

制订消费支出规划，是为了合理地安排消费支出、树立正确的消费观

---

① 通常情况下，在确定个人现金规划额度的时候，可以将额度定在个人每月支出的3~6倍，当然具体还需要根据个人的财务状态来确定。

念、节省成本、控制不良消费，从而保持稳健的财务状况、规避财务问题。

在人们的日常生活中，几乎每天都在消费。根据消费数额的大小，通常可以将消费支出的主要内容分为三个部分。

（1）住房消费规划。

很多人在购房之前可能会忽略这个问题。在多数人的意识里，购房是一件必须做的事情。这就导致很多人在买房之后，每天都顶着巨大的经济压力，工作和生活都进入紧张的状态之中。

因此，建议人们在买房之前对自身的财务状况以及租房、购房的优缺点进行详细分析，在深入了解的基础上，谨慎做出选择。租房与购房的优缺点对比如表 3－1 所示。

表 3－1　租房与购房的优缺点对比

	租房	购房
优点	• 成本较低 • 在自己经济能力承受范围内 • 不用考虑房屋价格下降风险 • 租房选择比较自由 • 房屋质量问题由房主承担	• 可以长期居住 • 满足中国人传统的“家”的观念 • 提高生活品质 • 强制储蓄，累积财富 • 具有投资价值和资本增值机会
缺点	• 别人的房产，主动权在别人 • 无法按照自己喜欢的风格装饰房屋 • 房屋租金可能会不断上涨	• 投入多，流动资金少 • 维护成本较高 • 需要承担房屋价格下降的风险

通过对比租房与购房的优缺点，能够帮助人们有效辨别和分析两者产生的实际意义，从而帮助人们做出合适的选择。此外，在选择购房时，还要考虑以下几点。

第一，购房目标与流程。购房不像超市买菜那么简单，所以，在准备购房的时候，就需要制订一个目标。例如，准备花多少钱购买，在什么位置购买，这个位置的房产未来有多大的升值空间等。想清楚这些问题之后，再制订一个具体的购房流程。

第二，购房所采取的决策。简单来说，就是准备买多大的房子，准备贷多少款。

第三，选择住房贷款。如今银行提供的住房贷款种类很多，哪种贷款更适合你，需要根据自己的财务状况来确定。

第四，是否提前还贷。很多人刚购房的时候经济能力有限，但是随着时间的推移，收入变高了、积蓄也增多了，完全有能力还清之前的贷款。这时有的人会选择继续贷款，把剩余的钱用来投资理财增加收益。具体怎么选择，需要视每个人的实际情况而定。

（2）汽车消费规划。

汽车消费是除了购房消费，比较大的一笔消费支出。

通常情况下，除了购车款外，汽车消费分为以下三种。

第一种，10 万元左右的车，每年的车辆保险费大概在 4000 ~ 5000 元。当然也有其他更多的保险费用，具体看个人对车险的要求。

第二种，车船使用费为 200 元/年。

第三种，养护费每年在 2000 元左右。

除了以上比较固定的费用外，还有变动费用，包括停车费、路桥费、汽油费等，这些费用统计起来，每年大概需要 2 万元。这意味着每年都要花费一笔数目不小的费用。所以，每个人在购车之前，需要提前对全年的消费支出做出详细规划。

（3）其他综合消费规划。

除了购房、购车这两个数额比较大的消费外，生活中还有很多大大小小的消费支出。为了控制这些消费支出，人们需要做的是以下几点。

第一，设定消费额度，控制自己的开销。

第二，记录每一笔消费。

第三，理性消费，购买自己需要、能给自己创造价值的东西。

第四，强制储蓄。

管理自己的财富其实就相当于管理一个蓄水池，需要引流也需要去流。这其中的引流就是现金规划，而去流就是消费支出。唯有做好现金规划、树立正确的消费观念，这个蓄水池才会蓄住越来越多的水。

三、 保险规划

俗话说：“天有不测风云，人有旦夕祸福。”生活中随时都有可能出现变数，需要人们未雨绸缪，趁早做好打算。而保险规划就是应对未来突发情况和意外风险时的好帮手。

> 驾照拿到手已经有三年的小朱最近在某4S（整车销售、零配件、售后服务、信息反馈）店看到一辆自己喜欢的车，于是打算购买。她询问了朋友的意见，朋友说：“买吧，反正你手头资金宽裕，有辆车上下班也方便点。”小朱说：“但是我车技不好，上路怕碰到别人的车，赔不起啊。”小朱的朋友听完后笑着说：“别人哪有那么容易给你碰啊，再说不是还有保险么。”小朱听了之后恍然大悟，决定购买这辆车，同时也购买车险。

小朱当然希望自己开车顺利、不出意外，但是有些事情是无法掌控的，购买车险也就等于给自己罩上了一件盔甲，让自己在面临意外之时更加从容。生活中这样的意外在所难免，很多时候只有到了那一步，人们才会后悔：早知道购买一份保险就好了。所以，为了从容面对生活中的意外，需要做好保险规划。

1. 保险规划也是一种理财

（1）保险能够帮人们分担风险。

在电视新闻上，人们经常看到火车脱轨、飞机坠机，还有一些年轻人因为城市污染严重、环境恶化患上疾病、英年早逝。这些意外，给很多家庭带来了难以承受的悲痛。

风险不会因为你害怕，它就不来。既然知道会来，那人们就要时刻做好准备。而那些没有保险规划意识、盲目乐观自信的人，很多时候会给自己及家庭带来更多的不幸和损失。所以，做好保险规划、学会预防风险，十分重要。

（2）保险能够帮助人们保住钱财。

对于保险，大部分人的观点是“花钱买平安”。其实，从某种层面来看，保险是一种理财方式。保险给人们创造的财富不像一般理财产品那样“锦上添花”，保险是“雪中送炭”。

再大的企业也难以预知未来的风险，正如有句俗话所说：“三十年河东，三十年河西。”没有哪一件事情是绝对的，任何事情都可能存在风险。对于成功的企业家也是如此。也许他曾拥有巨大的财富，但在面临破产时，能否继续维持正常生活成为最关键的事情。所以，当下越来越多的企业家开始重视保险的风险承担功能，他们已经把保险看成了一种新的理财方式。

美国有一家名叫安然的公司，因为股市诈骗而“闻名”全球，其总裁肯尼斯也因此有了“名气”。该公司在2002年的时候就申请破产，肯尼斯手中拥有的股票也全部作废，就连他家里的财产也必须抵作罚金。但是这一切并没有把肯尼斯压垮，因为他早就提前为自己购买了保险。从2007年开始，他每年都能够领到90万美元的保险金。这不仅确保了他的生存，也为他家人的生活提供了一份保障。

这么看来，买保险其实比银行储蓄具有更特殊的财务杠杆作用。买保险运用的就是风险管理杠杆原理，也就是说，只需要在平时投入一小部分的钱，一旦真正遇到意外或风险急需用钱的时候，就可以获得十倍甚至百倍的经济补偿。例如，假设你投资了某家保险公司的一款消费型的重大疾病保险，保障期为20年，每年需要缴纳300元，被保人一旦发生疾病，就能获得10万元的康复金。从保险赔付的额度和每年缴纳的保险费可以看出，这其中的风险杠杆被放大了330倍左右。这样的话，一旦遇到意外需要资金的时候，就不需要向别人借钱，更不需要变卖自己的房屋或者汽车，保险就能够化解这些风险。所以说，保险不仅是对自己未来的保障，更是一种很好的理财方式。

（3）保险是理财投资的“安全带”。

关于投资，人人都知道一句话：投资有风险，理财需谨慎。如何才能规避风险，做好最好的期盼和最坏的打算呢？答案是，做好保险规划。投资理财具有不稳定性，风险很大，很可能不但没有带来收益，反而给人增加负债。但是，如果你购买了保险，也就等于给你的个人投资理财或者家庭投资理财加了一条“安全带”。它能有效防止出现重大事故或者意外的时候，打乱你的个人或家庭理财计划的现象出现。换个角度来看，只要这些不打扰你原本的投资理财计划，从某种意义上来说也就等于增加了你的收益。

2. 保险的分类和内容

想要做好保险规划，必须提前了解保险的分类和内容，以及它们之间的区别。保险主要分为社会保险和商业保险两类。

（1）社会保险。

社会保险是社会保障制度的一个重要组成部分，是一种为丧失劳动能力、暂时失去劳动岗位，或因健康原因造成损失的人口提供收入或补偿的一种社会和经济制度。社会保险包括以下几种。

第一种：养老保险。所谓的养老保险，就是国家和社会根据一定的法律和法规，为解决劳动者在达到国家规定的解除劳动义务的劳动年龄界限，或因年老丧失劳动能力退出劳动岗位后的基本生活而建立的一种社会保险制度。

养老保险是在劳动者工作时按月缴纳一定的费用，最少为 15 年，缴纳的时间越长，退休后拿到的养老金就越多。国家建立养老保险基金，并且以优惠的形式负担费用，用人单位和个人按照一定的比例缴纳保费，当劳动者达到法定的退休年龄和缴费年限时，就可以按月领取养老金。这对退休的劳动者来说，无疑是一种很好的保障。

第二种：医疗保险。医疗保险一般是指基本医疗保险，是为了补偿劳动者因为疾病所带来的医疗费用的一种保险，是作为个人健康保险的主要内容之一。

医疗保险的主要作用是，当被保险人因疾病需要耗费大量的资金时，可以选择医疗保险报销一部分。目前，我国医疗保险的报销比例在 60% 左右，这在一定程度上缓解了被保人的经济压力。医疗保险同其他保险一样，也是提前以合同的形式向可能会患疾病的人收取保险费用，并建立医疗保险基金。当被保险人出现意外或患疾病需要去医院就诊时，就可以由医疗保险机构承担部分费用。

第三种：失业保险。失业保险是国家通过立法强制实行的，由社会集中建立资金，对因失业而暂时中断生活来源的劳动者提供物质帮助的制度。如今，各类企业及其职工、事业单位及其职工、社会团体及其职工等，都需要给劳动者办理失业保险。失业保险主要用于保障劳动者失业后的正常生活。

第四种：工伤保险。工伤保险也被称为职业伤害保险，是指劳动者因在工作中受到了意外的伤害，或者因辐射等造成职业病的，由国家和社会给负伤、致残以及死亡者生前供养亲属提供必要物质帮助。

工伤保险费由用人单位缴纳。职工上了工伤保险后，一旦需要住院治疗工伤，由单位按照单位正常出差伙食补助标准的一定比例补助职工住院期间的伙食费。如需要到外地就医，交通费、食宿费也是由单位按照正常出差标准报销。

第五种：生育保险。生育保险是国家通过立法，在怀孕和分娩的妇女劳动者暂时中断劳动时，由国家或社会提供医疗服务、生育津贴和产假的一种社会保险制度。生育险待遇包括生育津贴和生育医疗服务两项。

（2）商业保险。

商业保险是指通过订立保险合同运营，以营利为目的的保险形式。商业保险关系是由当事人自愿缔结的合同关系，投保人根据合同约定向保险公司支付保费，保险公司根据合同约定的可能发生的事故因其发生所造成的财产损失承担赔偿保险金责任。商业保险是根据个人以及家庭的具体收入和财务目标定制的一项财务计划，它不仅具备报销功能，还能够进行赔付。

从某种意义上说，商业保险是社保的补充，因为社保有起付线和封顶线，如果超出这个线是不予报销的。除此之外，很多医院的起付线也是不一样的，超出的费用依然需要个人承担。但是如果同时购买了商业险，就不必有这方面的担心，例如生病住院的话会有补贴。常见的商业险有以下几种。

第一种：机动车保险：商业车险会根据保障的责任范围分为基本险和附加险。其中，基本险包括商业第三者责任保险、车辆损失险、车上人员责任险、全车盗抢险等；附加险包括自然损失险、玻璃单独破碎险、自然损失险等。当然，不同的保险公司所经营的车辆保险的险种也是不同的，具体情况需要在投保之前对保险公司的相关产品进行详细的咨询。

第二种：家庭财产保险。财产保险，顾名思义是为个人财产提供一份保障。在实际生活中，人们关心较多的是医疗保险和养老保险，对于财产保险，很多人缺少认识。财产保险是指投保人根据合同约定，向保险公司支付一定的保险费，在被保险人或投保人承保的财产及其有关利益因为自然灾害或意外事故造成损失时，保险公司就需要按照一定的比例对被保险人或投保人进行赔付。可以说，财产保险是个人或者家庭财产的有力保障。

第三种：人寿保险。人寿保险，是给生命多一层的保护。在我国，受传统思想影响，人们会回避“死亡”这个话题。但是生老病死其实是人们必须经历的事情，既然不能回避，就应该理性面对。人寿保险也被称为“生命保险”，和其他的保险业务一样，被保险人缴纳一定的保险费用，将风险转给保险公司。和其他保险的不同之处在于，人寿保险是以被保险人的生命安全为保险对象的。

第四种：意外伤害险。意外伤害险，即意外伤害保险，简称意外险，是以被保险人的身体作为保险标的，以被保险人因遭受意外伤害而造成的死亡、残疾、医疗费用支出或暂时丧失劳动能力为给付保险金条件的保险。

意外伤害险能解决生活中突发的意外情况，如磕磕碰碰，非人为故意、非疾病原因导致的人身伤害。大到意外事故引起的烧伤、意外残疾，小到遭蛇咬、煤气中毒，都可以通过商业保险中的意外险来解决。

3. 如何做好保险规划

（1）确定保险标的。

确定保险标的也被称为确定保险对象，在投保之前，人们需要清楚地知道哪方面需要投保，如是财产、医疗，还是商业等。一般情况下，法律规定，只有对保险标的有可保利益才能为其投保。否则，将会判定为投保无效。而这里所指的可保利益，是投保人对保险标的具有的法律上承认的利益。可保利益需要符合以下三个要求：必须是法律认可的利益；必须是客观存在的利益；必须是可以衡量的利益。

（2）选定保险产品。

通常，人们面临的风险是人身风险、财产风险和责任风险。为此，在选择理财产品的时候，人们需要考虑的是能规避这三种风险的保险产品。例如，面临疾病和意外死亡风险，需要购买人寿险；新买的车子有被盗和意外损毁的风险，那么可以购买车辆盗抢保险、车辆损失保险。

（3）明确保险金额。

在确定了具体的保险产品后，还需要确定保险金额。所谓的保险金额是指当保险标的发生保险事故时，保险公司所能赔付的最高金额。一般情况下，保险公司会以财产的实际价值和人身的评估价值为依据。财产也就是一般的财产，如家电；而人身价值就很难估算了，通常情况下使用的评估方法是财务需求法和生命价值法。

（4）明确保险期限。

在明确保险金额后，下一步要明确的是保险期限。这涉及投保人需要缴纳多少费用、缴纳多长时间等问题。如人寿保险一般缴纳时间都比较长，通常是 15 年，或者更久。

总而言之，保险给人们的生活带来了更多的保障。为了让未来的生活更好，需要具备未雨绸缪的思维，需要做好保险规划，提前为未来的风险做好准备。换句话说，规避风险就是在投资理财，人们所做的保险规划也是理财规划。

四、 投资理财规划

当下，生活节奏快，工作压力大，很多年轻人都想实现财务自由。如何实现财务自由成了当下年轻人的困惑，也是他们迫切想要解决的问题。要想实现财务自由，就要对自己的财务有所规划，即做好投资理财规划。

所谓投资理财规划，是指运用科学的方法和特定的程序为自己制订切合实际且具有可操作性的包括现金规划、消费支出规划、教育规划、风险管理等多方面的方案，使自己的生活水平和收入不断提高，最终实现财务自由的一个过程。但是，当下很多人对投资理财规划这一概念的认识远远不够，他们对于理财能做的就是每个月存点钱在银行里，有的人甚至“月月光”。在这样的情况下，想实现财务自由可以说是一件相当困难的事情。

刚大学毕业的苏某，进了一家小型的民营企业，从事行政工作。她所处的城市收入水平一般，像行政文员这样的职位，月收入也就在2500元左右。除去房租和交通、水电费用，一个月下来工资所剩无几。虽然苏某整天嚷嚷着要实现财务自由，但似乎看不到任何希望。这时她的好朋友对她说：“你要理财，财才会理你。月入2500元照样可以实现财富梦，主要看你怎么来规划这2500元。”

像苏某这样因为月薪太少而不知道如何做好投资理财规划的人有很多，大部分都是刚毕业或入职不久的大学生。这些人处于人生的成长期，收入跟支出最多能维持平衡，所以实现财务自由对他们而言，是一件很难的事情。

要想实现财务自由，首先要对理财投资有一定的认识，其次要根据自己当前的财务情况做好具体、详细、明确的理财规划。

1. 投资理财规划的主要内容

（1）流动性资产。

人们持有现金，无非是为了满足生活中常见的三种需求：日常开支需求、投机性需求和预防突发事件需求。为此，人们需要保证手头上有足够的资金来满足这些需求，并且资金需要具备流动性，也就是之前提到的现金流。也就是说，在投资理财规划中，人们需要对现金进行规划，既要保证资金的流动性，也要考虑现金持有成本。短期的现金需求可以用手头的现金来满足，而长期的需求则需要通过银行储蓄这样的投资工具来满足。

（2）消费支出。

消费支出是投资理财规划的内容中最关键的一部分，很多人因为没有树立正确、合理的消费观念，导致自己不但不能做好投资理财规划，反而负债累累。因此，要明确地知道，理财并不能让自己“一口吃成一个胖子”，理财首先是为了让自己的财务情况能够稳定下来，而并非实现个人财富的最大化。

所以，在做投资理财规划的时候，需要根据自己实际的财务情况和收入水平，进行合理的消费，从而保证自己的财务状况稳健、合理。在实际生活中，人们不难发现，减少一些不必要的开支，会让投资理财这件事情变得轻松很多，更容易实现财务目标。为此，首先需要制订一个清楚、明确的消费支出计划。例如，每个月记账，列出当月购买的商品，并将这些商品分类，如生活必需品和不必要的商品，不必要的也就是买回来就没用的商品。然后对这些商品进行分析，并把不必要的商品加入“黑名单”，这样可以避免下次再浪费。

小陈的微信好友有很多是代购，每次代购发朋友圈，小陈都会询问价格。与国内专柜价格进行对比后，小陈觉得捡了大便宜，于是每个月都会花不少钱来购买化妆品和护肤品。一年下来，小陈发现自己囤的货没用完，有的还过期了。看着眼前的囤货，小陈才意识到自己买了很多用不上的东西，而这些东西算起来都有自己工资的一半了。为了控制这种不良的消费，小陈将这些护肤品和化妆品分类列了出来，并挑选出适合自己的，剩下的就拉入“黑名单”。采取这种办法之后，小陈再看朋友圈的时候，没有之前那么强烈的购买欲望了。最关键的是，第二年一年下来，小陈的积蓄比前一年增加了1万元左右，这让小陈感到不可思议。

很多时候，增加人们花销的不是生活中的必需品，而是那些可有可无的东西。为了培养自己理性、合理的消费习惯，人们需要将这些东西剔除，让自己明确地知道什么是应该消费的、什么是不需要的。

保持长期合理的消费习惯，一方面，能够帮助人们养成良好的消费习惯；另一方面，也能为人们节约一笔不小的资金，为投资理财"添砖加瓦"。

（3）教育期望。

如今是教育为本的时代，人们对教育的重视程度越来越高。人们不仅需要为自己做好教育方面的理财规划，也需要为子女做好这方面的理财规划。因此，人们投资理财时需要关注到这部分，即通过合理的理财规划，确保将来有能力支付自己及子女的教育费用，从而实现自己和子女在教育方面的期望。

小赵一直计划去日本玩，但是不想跟旅行团，想自由行。可是出国自由行，最大的困扰就是语言不通。于是，小赵决定利用平时的时间去学习日语。但是，对于自学能力差的小赵来说，不报辅导班、仅凭自学是行不通的。于是小赵去家附近的一家日语辅导机构咨询，得知半年的学费需要6000～8000元。小赵查了下自己的银行卡余额，也就够下个月的房租和餐费，于是，不得不放弃了这次学习机会。

如今，社会发展很快，一旦人们停止学习，就很有可能被这个时代淘汰。因此，在制订投资理财规划的时候，人们也要将教育期望纳入其中。

（4）风险保障。

前面提到了保险规划，这其实就是投资理财规划的一部分。人生总会经历一些风雨，人们需要通过购买保险，来做好面对风险的准备。

（5）纳税安排。

纳税是每一个公民应尽的义务。因此，在投资理财规划中，也需要对这部分的资金做好规划。

（6）积累财富。

积累财富是投资理财规划的关键内容，也是实现个人及家庭财富梦的关键。个人积累财富的方式有两种：开源和节流。一般情况下，通过减少开支就能积累一定的财富，但是这个额度比较小，真正积累财富还是需要通过增加收入来实现。但是，个人的工资收入有限，要想收入更多，就需要通过投资理财来实现。

（7）享受晚年生活。

享受晚年生活就是人们经常提到的养老规划。人到了晚年的时候，会退休，劳动力会下降。因此，为了保障自己的晚年生活，人们需要在年轻的时候进行财务规划，让自己到了老年时，能达到“老有所依，老有所养”的状态。

2. 如何规划投资理财

（1）了解自己的资产状况并评估自己的风险承担能力。

要想做好投资理财规划，首先需要了解自己有多少“财”，即自己的资产状况，包括对自己储蓄资产和未来收入的预期。这样做的目的是知道自己有多少“财”可以理，也知道自己有多大的承受风险的能力，从而帮助自己选择适合自己的理财产品。

（2）设定理财目标。

投资理财跟学习一样，需要有明确的目标。否则，将很难实现个人的财富梦。因为，理财是一件漫长的事情，刚开始的时候，收益可能会非常少。在理财初期，很多人可能会因收益少、看不到希望而放弃，这时候，应该意识到目标的重要性，并为实现目标设置时长。一旦设定了明确的理财目标，人们就能知道每个月应该留出多少钱做理财。

（3）清楚自己的理财偏好。

很多人购买投资理财产品的时候都会选择投资回报率高的，但是，投资回报率高的，往往也是风险大的。这种情况下，人们就应该评估风险属性，判断其是否在自己的承受范围内。毕竟，每个人的经济能力都是有限的。所以在购买理财产品的时候，人们要清楚自己的理财偏好，知道什么样的产品适合自己，知道自己能承受多大的风险。只有这样，才能对理财更有兴趣，才能坚持去做这件事情。

（4）进行合理的资产分配。

俗话说："不要把鸡蛋放在一个篮子里。"同样，人们需要对自己的资产进行合理的分配，将自己所有的资产进行统计，然后根据自己的偏好选择投资品种和投资时机。投资理财规划的过程其实就是将资产和负债相匹配的过程。所谓的资产，就是之前储蓄和收入的能力；而负债，就是需要偿还的债款或者需要承担的责任，如赡养父母、供小孩上学等。除此之外，人们给自己定的目标，也是负债的一种。为了拥有更高品质的生活，人们需要将自己的资产和负债进行动态匹配，这正是个人理财的核心。所以，理财并不是有钱人的事，而是每个人都能做也必须做的事情。

总而言之，理财不仅是一门技术，更是一种生活方式。真正会生活的人，不一定是收入很多的人，而是知道如何规划自己财务的人。想要掌控好自己的人生，让自己的现在和未来都能有一个比较完美的生活状态，最重要的，就是做好自己的投资理财规划。

五、 退休养老规划

2012 年 7 月，时任人力资源和社会保障部社会保障研究所所长的何平提出，我国应逐步延龄退休，建议到 2045 年，不论男女，退休年龄均为 65 岁。现行退休年龄为：男性 60 周岁，女干部 55 周岁，女工人 50 周岁。随着退休年龄的推迟，退休养老规划似乎成了一件势在必行的事情。

退休养老规划是指为保证自己在将来有一个自立、尊严、高品质的退休生活，而从现在开始积极规划的方案。关于退休养老规划，网络上流行这样一句话：社保准备一点，儿女孝敬一点，自己储备一点，商保补充一点。似乎只要这四点都有了，安享晚年就是一件很容易的事情。但实际生活并非想象中那样简单。

根据民政部发布的 2017 年社会服务发展统计公报：截至 2017 年年底，全国 60 周岁及以上老年人口 24090 万人，占全国总人口的 17.3%，其中 65 周岁及以上老年人口 15831 万人，占全国总人口的 11.4%。① 一般认为，一个国家的 60 岁及以上老年人口占全国总人口比例达 10%，即意味着该国进入老龄化社会。而依照我国目前的老龄人口发展态势来看，我国已经在向深度老龄化社会逐步接近。

根据专家预测，到 2030 年，我国 60 岁以上人口占比将达 25%，将提

---

① 资料来源：《人民日报海外版》2018 年 8 月 18 日第 2 版。

前进入深度老龄化社会。到2050年前后，我国老年人口数将达到峰值4.87亿人，占总人口的34.9%，平均每3人中便有1人是老年人。

从整体上来说，更大的压力在哪儿？

对比一下，许多发达国家在进入老龄化社会的时候，人均GDP（国内生产总值）为5000～10000美元，而我国在2010年8月公布的数据是3800美元。GDP和财政收入是正相关的关系，人均GDP增长可以提升政府在居民养老保障方面的能力。所以，我国和一些发达国家相比，呈现出的明显特点，就是“未富先老”。因此，在规划养老方面，必须要更努力、更早规划。

1. 明确退休时需要的资金

对于退休后的生活，不同的人会有不同的规划和期望，而不同的期望下所需要的资金数额也不等。因此，在制订个人退休养老计划时，对退休之后生活的期望越详细具体越好，这样就可以估算出大概需要多少资金。在对自己退休之后的生活有了一个比较清晰的认识后，可以考虑下目前准备了多少资金，还需要准备多少资金才能满足自己对退休之后生活的期望。对此，人们需要认真考虑以下几个问题。

（1）退休年龄。

关于退休年龄，目前我国男性的退休年龄是60周岁，女干部是55周岁，女工人是50周岁。

在如今快节奏的社会中，退休会对人的收入、生活状态和心理产生一定程度的影响。尤其是在退休之后，收入会降低，从而造成生活质量的下降。因此，为了平衡自己退休前和退休后的生活状态，人们更应该正确认识退休时间这件事，提早制订退休规划，让自己退休后也能很好地生活。

> 张大爷自从退休后就闷闷不乐。一天早上，他去菜市场买菜的时候，遇到了同小区的李大爷，两人便闲聊起来。李大爷问："你最近闷闷不乐是怎么回事啊?"张大爷叹口气说道："哎，还不是因为突然退下来不适应啊。感觉自己还年轻啊，其实不年轻了。现在觉得每天没什么事干，收入不比之前了，买菜都要挑便宜的买了，能不犯愁么。"李大爷笑着说："我刚退下来也是这样，好好调整吧。"

张大爷的烦恼似乎是很多退休后的老人都会遇到的，他们年轻的时候，总觉得退休是离自己很远的一件事情，所以没有意识到要为未来的养老生活做好准备。正是因为没有准备，所以退休让他们猝不及防，一时难以适应，也就给自己的生活造成了很大的困扰。因此，要明确地知道自己的退休时间，并告诉自己要正确地面对退休这件事情，为未来的生活做好充足的准备。

（2）预期寿命。

中国人忌讳谈论"死亡"。但是，生老病死是人生常态，人们需要面对，并需要有规划地面对。

据统计，中国男性的平均寿命为 74 岁，女性为 78 岁。随着医疗水平的不断提高，这个数字在未来很有可能会呈现增长的趋势。如果就以这个统计数字为标准，即假设退休时间和预期寿命不变，那么，中国男性退休后平均会生存 14 年，女性（以 55 岁退休为例）为 23 年。以此推断，男性需要在退休前规划好退休后 14 年生活所需要的资金，女性则需要规划好退休后 23 年生活所需要的资金。当然，这只是一个平均数，规划的金额要高于这个数字，否则可能会出现养老金缺口。

（3）生活方式。

每个人都有自己的想法，所以每个人对自己退休后的规划也不同。例如，对退休以后生活的预期如何？希望退休以后居住在哪个城市？是否会继续在原居住地居住？对衣食住行有哪些要求？会不会选择定期出去旅行？如果有的话，希望去哪些地方？每次停留多久？这些问题都是在做退休养老规划的时候需要考虑到的。不同的生活方式，需要的资金量也会存在很大的差别。

例如，有的老年人退休后，只希望每天早上在小区里打打拳，傍晚的时候散散步、跳跳广场舞或者打打麻将，这些娱乐活动是不需要大量资金的。但是，如果选择出去旅行，国内远一点的地方费用一次大概在 3000 ~ 4000 元；而选择国外的话，尤其是亚洲以外的国家，旅费可能需要一万元以上。

（4）所在地区的消费水平。

除了以上这三点外，所在地区的消费水平也是在做退休养老规划时需要考虑的内容。在北京、上海这样高消费的大都市，退休后需要的资金要比二线城市高很多。同样，在一些消费水平相对比较低的二、三线城市，退休后所需的资金会相对少一些。

2. 通过何种方式积累养老资金

（1）社会养老保险。

社会养老保险是退休养老累积资金的方式。社会养老保险是指每月由单位和个人按照一定的比例缴纳保险费用，等到退休后可以领到一定的退休金。

社会养老保险金能积累多少，取决于个人工资水平、工作年限、未来工资的增长率、社会养老保险金的增长速度等，同时也跟国家宏观经济和社会形势等社会、经济因素有一定关系。需要注意的是，我国目前还没有实现社会养老保险金的全国统筹，因此，不同地区的保险金水平也有很大的差别。

（2）企业年金。

所谓企业年金，是指个人与企业固定提拔一笔钱用来投资积累养老金，待退休后按规定方式支付。目前，我国正在大力推荐企业年金这种积累养老资金的方式。通常情况下，企业年金的积累值跟个人工资水平、工资增长率、个人缴费比例、企业缴费比例、企业缴费进入个人账户比例、企业年金投资收益率等要素相关。

（3）养老商业保险。

养老商业保险属于商业保险的一种，它是以人的生命或身体为保险对象，在被保险人年满退休或保期届满时，由保险公司按合同规定支付养老金。商业养老保险主要是以获得养老金为目的的长期人寿险，是社会养老保险金的补充。

相对于社会养老保险金来说，商业养老保险的设计比较人性化，在领取时间上可以因人而变。在选择养老商业保险时，要选择有实力的保险公司购买。

（4）自筹退休金。

自筹退休金，顾名思义就是自己筹集养老资金，每一个人都应该提前储备养老资产。不同的资产有不同的功能，人们需要根据人生所处的不同阶段、养老生活的不同需求做好相应的资产安排。

如何提前储备养老资产？当还没有退休的时候，人们就需要提前积累社会养老保险、商业养老保险、银行储蓄、股票、房产以及其他投资金融产品。这些资产如果能够在未来退休之后套现消费，就属于养老资产。

此外，谈到养老问题，人们往往注重养老保险而忽视医疗保险。实际上，随着年龄的增加，身体机能逐渐退减，人们生病的概率会更大。因此，在做养老储备时，医疗保险、医疗费用都要列在规划范畴内。

3. 计算退休时的资金缺口

何谓退休金缺口？

退休金缺口＝退休后总资金需求－退休收入－已有退休金终值－基本养老金。

公式中的“已有退休金终值”可以是退休前的储蓄和投资。一般情况下，退休后的养老金主要来源于基本养老保险。而很多时候养老保险的金额，并不能满足人们对退休之后生活的期望，所以会出现养老金缺口。

4. 制订调整方案，弥补退休时的资金缺口

根据上面的公式，如果计算出的养老金缺口比较大、经济压力比较重，那么，可以对之前的养老规划方案进行适当的调整。例如，退休之后稍微降低自己的生活质量，或在退休之后做兼职工作以获取额外的收入，提高投资收益率等。最后，再算出退休后需要多少养老金。

人生是一个漫长的旅程。人们在享受当下的同时，也要有忧患意识，为以后的生活做好准备。这样，退休之后，人们就不会因为收入减少而徒增压力，而是依然可以维持较高水平的生活。

第四章 投资理财"钱生钱"的黄金策略

当投资股票的高收益令人咋舌，投资基金成为一种潮流，人们张口闭口都在谈论投资理财产品时，越来越多的人发现，合理的理财是可以致富、可以为家庭生活提供保障的，甚至可能成为一种每个家庭都会选择的普遍的投资方式。因此，投资理财的策略，是每个人都需要掌握的。首先，我们需要了解究竟什么是投资理财"钱生钱"，了解自身需要拥有怎样的理财之道，然后在此基础上设定个人及家庭目标的投资理财。需要注意的是，不同的人生阶段需要制订不同的理财方案，并根据不同的状况进行有针对性的理财，只有这样，才能实现真正意义上的"钱生钱"。

一、 什么是投资理财 “钱生钱”

自古以来，“钱生钱”都是人们梦寐以求的事情，每个人都渴望财源广进、拥有源源不断的财富资源。现实中，人们通过各种方法、途径将手中的资产保值、升值。有的人通过保守投资，如将资金存入银行、投资国债；有的人通过风险投资，如购买股票、基金、证券等。对于资金的管理，每个人都有着自己的理财之道。

然而，在诸多投资者中，真正实现大量“钱生钱”愿望的只占少数，绝大多数的人仍然在投资的路上不停摸索着，试图找出真正适合自身的理财之路，以帮助自身获取更多的财富。随着各种投资和理财平台的涌现，越来越多的人陷入混乱的理财状态，很难做出合乎时宜的选择。这种情况下，想要进行有效投资理财，实现快速财富积累，就必须先弄清楚究竟什么是投资理财“钱生钱”。

1. 投资理财“钱生钱”的真正含义

人们谈到理财，一般想到的不是投资就是赚钱。实际上，除了投资和赚钱，理财的范围很广。理财理的是一生的财，也就是个人一生的现金流量与风险管理，它包括以下几个含义。

（1）投资理财是现金流量管理。

生存就需要用到金钱，需要有现金可以流出，同时需要通过投资管理"钱生钱"来产生资金，保证现金流入。因此，对于每一个人来说，不管你是否拥有大量的闲置资金、是否具备理财的观念，都应该学会理财。

（2）投资理财不是盲目跟从。

投资理财是一个理性选择、合理规划的过程。在现实生活中，很多人对于理财平台的选择要么是跟随潮流，如某理财平台最近炒得比较火热、某理财产品投资门槛特别低等；要么就是朋友、同事之间的推荐，如某人最近买了一只基金收益特别高等。诸如此类的理财动机都不是理性的，投资者并没有结合自身的实际情况进行综合考虑，如投资者没有考虑自身的资金情况、家庭的资金状况、理财产品的信息和风险情况、个人及家庭的风险承担意识等，这样就导致最终的投资理财存在一定的盲目性、风险性，难以产生长期、稳定的效益。

（3）投资理财不是一时兴起，而是一个长期的过程。

在现实生活中，很多人对于理财产品的选择都是一时兴起。例如，这个月工资比较高，余下的闲置资金就购买了股票和基金；下个月工资低，就中断理财或者花上个月的闲置资金，这就打破了投资的持续和稳定。又如，收益额一旦呈现负增长，立马中止投资等。从长远的利益来看，以上这些理财方式不仅难以发挥金钱的时间价值、保障自身的长久收益，而且会导致金钱不断流出，难以实现长久性的财富积累。

（4）投资理财具有不确定因素，涵盖了一定的风险管理。

想要得到投资理财"钱生钱"的好处，必然要承担一定的风险。在众多理财平台中，凡是收益较高的理财平台都注定要承担一定的风险，这不只是理财平台获取利益、实现快速发展的需要，其主要原因在于未来的资金流量具有不确定性。例如，人身风险、财产风险与市场风险，这些因素随时都会中断现金流入，或者增强资金递增的风险。因此，投资者在理财之前应该具备风险意识，明确投资理财的不确定性。

（5）理财投资，不在于资金的多少，而在于其持续性。

很多人在认识上都存在一个误区，认为拥有相对宽裕的闲置资金才可以进行理财。实际上，理财重要的不是金钱的多少，而是时间的长短。假设每天拿出100元买基金，年化收益率为4%，根据基金计算公式：基金实际收益 = 本金 × 年化收益率 × 投资天数/365，一年后可以获得基金实际收益为：36500 ×4% ×365/365 =1460元。根据公式可以得出，随着投资天数的增加，收到的效益越好，最终获得的资金积累也就越多。反之，如果隔三岔五地把基金取出来，不仅需要重新开始计算投资天数，也会损失部分稳定收益。

综合来看，投资理财“钱生钱”就是站在理性、客观、具有风险性的基础之上，以持续获益为目的，并且根据自身的资金情况以及承担风险的能力，做出的一个长期性的理财管理。

2. 投资理财“钱生钱”的三个环节

（1）攒钱。

在现实生活中，攒钱是很多保守的理财人士普遍选择的理财方法。主要是将每个月或每一年的工资都存放在银行中，凭借在时间上的累积来实现财富的聚集。

不过随着人们思想观念的改变，如今“收入少，消费却不少”已经成为大多数低收入人群所面临的问题。

小峰月薪6000元，在上海工作3年，手中积攒的资金仅有4万元左右。每当身边的人询问小峰为什么存不下钱时，小峰都归咎于自己的工资不高、上海的物价水平高等。实际上，小峰虽然挣钱不多，但是每个月的消费都在5000元左右，有时甚至还会更高。对于生活中吃喝玩乐等的消费，小峰向来大手大脚，活动聚会更是经常参加。所以一年下来，根本存不到钱。

和小峰同在一个公司上班的小马，每个月除了生活中的日常开支以外，还能够余下3000元，并且小马对这3000元进行投资理财。这样一年算下来，除去利息，小马光是本金就有36000元。同样的薪资水平，为什么小马一年的剩余资金几乎等同于小峰3年的财富积累？其中的主要原因就是小马拥有一定的理财意识，懂得对金钱进行合理规划与分配，并且能够合理控制消费来结余资金，进而通过投资或者保值的方式来实现财富积累。

因此，对于低收入或者没有消费节制的人群来说，想要攒钱首先就要减少固定开支，即通过减少家庭消费来积累剩余资金，然后再利用这些剩余资金进行投资，具体方法如下。

第一步：将家庭每个月的各项支出列出来，做出一个详细的清单。

第二步：针对清单内容进行逐项分析。例如，针对消费最高的项目进行分解和调整。

第三步：针对整个清单的内容进行研究与整合，认真思考究竟哪些消费是不可避免的，哪些消费是无实际意义的。

第四步：在不影响生活的前提下减少浪费，并为此整理出一套解决方案。例如，通过压缩购物、娱乐消费等项目的支出，保证每个月能够节余一部分钱。

（2）生钱。

投资理财的第二个环节是生钱。想要获取更多的财富，仅仅凭借积攒是远远不够的，最重要的是通过投资、增值的方式，让财富实现快速增长，具体可以通过以下几种方法来实现。

第一种：基金。基金是一种有效的投资工具，是指为了某种目的而设立的具有一定数量的资金。通过将众多资金汇集起来，由基金托管人如银行或其他基金平台托管。由专业的基金管理公司管理和运作，通过投资股票、债券等，实现收益的目的。一般情况下，根据基金是否可以被赎回，可以将基金分为开放式基金和封闭式基金。开放式基金，是指基金规模不是固定不变的，可以随时根据市场供求情况发行新份额或被投资人赎回的投资基金。相对于开放式基金而言，封闭式基金是指基金规模在发行前已确定，在发行完毕后和规定的期限内，基金规模固定不变的投资基金。

第二种：股票。股票也是投资理财“钱生钱”的重要途径之一。股票投资是指企业或个人用积累起来的货币购买股票以获得收益的行为。股票投资的收益是由收入收益和资本利得两部分构成的。收入收益是指股票投资者以股东身份，按照持股的份额，在公司盈利分配中得到的股息和红利的收益。资本利得是指投资者在股票价格的变化中所得到的收益，即将股票低价买进、高价卖出所得到的差价收益。

第三种：债券。债券投资可以获取固定的利息收入，也可以在市场买卖中赚取差价。并且随着利率的升降，投资者如果能够审时度势，适时地买进卖出，就可以获取较大的收益。除此之外，在债券投资的具体操作中，投资者应综合考虑影响债券收益的各种因素，如债券种类、债券期限、债券收益率（不同券种）和投资组合等方面之后，再做出适合自己的选择。

第四种：不动产。不动产也是保障“钱生钱”的有效方法之一。它主要是指不能移动或移动会引起性质、形状改变的财产，如土地及固定在土地上的建筑物、桥梁、树木等。

以上这些理财方式都可以作为生钱的重要手段，只要投资者能够在综合自身情况和理财风险等多方面因素之后，找出适合自己的投资方式，就可以实现财富的有效增值。

（3）保钱。

保钱主要是通过保险的形式来保障资金。保险作为理财的重要手段，能够有效防止资金投资出现意外情况，避免出现大量的资金流失，同时这也是保障投资理财“钱生钱”的重要前提。生钱如同围造一个水库，想要让水库蓄满足够的水，光注入水源还不够，还要为水库修建堤坝等防护措施。在投资理财中，购买保险的作用主要体现在能够将突发情况发生时的风险降低。

总的来说，投资理财“钱生钱”就是合理规划和管理自己多余的闲散资金，以达到部分资金保值和升值的目的。在具体的投资管理中，主要是以攒钱为起点、生钱为重点、保钱为保障，将三个环节紧紧地拴在一起，这样既能够保障现有资产不贬值，又能够获取持续性的收益，从而实现真正意义上的“钱生钱”“利滚利”。

二、 设定个人及家庭投资理财的目标

在工作和学习中，人们经常会给自己定下各种各样的目标，并朝

着目标的方向去努力。同样，在投资理财中，也需要设立相应的目标。说到这里，可能很多人会产生疑惑：制订什么目标？钱当然赚得越多越好呀！还有人认为与其谈什么目标，不如踏踏实实地赚钱。这些理财观念导致很多人在理财的过程中，只顾着低头赚钱，却忽视投资理财的目标设定。

首先，“钱赚得越多越好”“踏踏实实地赚钱”这些目标太模糊。正是因为目标过于模糊，人们的投资理财方案也就不会明确，最终导致投资结果也是随意的、带有盲目性的。所以，制订出一个具体的、切合实际的投资理财目标是非常有必要的。

其次，人人都在谈论理财，在大部分人的观念中，理财就等同于投资，也就是赚钱。但针对一个长期的理财目标来说，除了收益，人们还应该充分考虑各种风险因素，如人身风险因素、投资亏损风险因素、通货膨胀因素等。毕竟，以上任何一种因素都会导致投资和理财之路遭受阻碍。因此，只有将众多因素综合在一起并全部考虑在内，这样的理财目标才是相对有效的。

最后，理财目标强调的是长期规划，这种规划涉及各个方面，如汽车、房子等大项目；当然也会涉及衣食住行等生活方面的小项目。人们在单身时，个人的理财目标主要涉及的是衣食住行，所以在理财投资上强调资产增值，风险承受力相对较高；而在结婚之后，理财目标可能就会涉及房子、车子、子女教育等多方面；在退休之后，理财目标又会涉及养老等方面。总之，在人生的不同时期，人们需要根据不同的时间阶段来设立优先级。这也就导致最终会出现不同的投资理财方案。

一般情况下，有效设定个人及家庭投资理财目标分为三步。

1. 根据实际情况设定理财目标

在设定理财目标之前，同样也需要先了解并分析个人及家庭的资产情况，即个人及家庭的净资产值是多少。简单来说，就是清点财产，清楚个人及整个家庭有多少财产可以理。

刘先生今年40岁，是一家企业的中层管理者，虽然深知家庭理财的重要性，但是由于平时工作繁忙，他一直没有时间进行家庭理财。

刘先生身边的很多同事都在炒股、买基金。刘先生找到同事说："我想买股票赚些钱，明年换套房子，你给我分析分析，买哪只股票好。"同事笑着说："分析股票没问题，不过理财之前你需要先清楚自己有多少闲置资金，对于风险的承受能力如何。假设你手头有10万元闲置资金，你就要分析自身对风险的承受能力是强还是弱，通过这个来判断自己的风险偏好，即是激进型还是稳健型。当这些明确之后，你才能对股票做具体分析，包括优势分析、行业分析以及回报分析，进而设定理财目标。"听到这里，刘先生恍然大悟，原来理财之前还有这么多的讲究。

现实生活中，类似刘先生这样的投资者有很多，他们虽有热切的理财意愿，但没有成熟的理财思路。刘先生这样的理财"小白"，首先该做的不是分析股票市场，也不是唐突地设定理财目标，而是充分分析自身家庭的资产状况以及家庭本身对风险的承受能力。例如，想要获得高收益，是否做好了接受高风险的准备。如果出现意外风险，自己有多少承受能力。了解了这些之后，才能有针对性地去分析股票市场、设定理财目标。

2. 细化理财目标

（1）为了实现理财投资目标，个人及家庭应该怎么做？

一般情况下，从时间层面上可以将理财目标做出以下划分。

长期目标：达成时间通常在5年以上。

中期目标：达成时间通常在3~5年。

短期目标：达成时间通常在1~3年。

根据以上三个阶段的投资理财目标，合理配置资金，选择合适的投资工具，进而实现它们。例如，某家庭想要购买一套房子，短期目标可能就是为一年后的购房储备足够的购房首付；中期目标可能是房子装修费、房贷以及子女上学教育经费的筹备；长期目标可能是为夫妻双方退休养老做好准备。

（2）个人层面。

从个人层面来看，主要分为以下两个阶段的理财目标。

个人大学期：从高中毕业到大学毕业之前的目标。

个人单身（未婚）期：从开始工作到结婚之前的目标。

（3）家庭层面。

如果按家庭的成长阶段来细分，可以将理财目标做出以下划分。

家庭形成期：结婚到生育子女之前的目标。

家庭成长期：子女出生到子女上学之前的目标。

子女教育期：子女上学到子女就业之前的目标。

家庭成熟期：子女就业到子女结婚之前的目标。

退休前期：退休以前的目标。

退休以后：退休以后的目标。

此外，在不同的人生阶段和不同的财务状况下，投资者对于风险承受能力也不尽相同，需要根据具体的情况来调整投资策略。一般来说，随着投资者年龄的增长，对于投资理财目标的制订会由年轻时的“资产累积”转为“资产增值”，但是等到年龄增长到即将退休时又会演变成“资产保值”，投资者的风险承受能力会随着时间的改变而改变。

3. 估算达成理财目标后所需的钱

理财目标必须具备的特征之一就是具有可度量性，也就是目标结果可以用货币来进行精确计算。很多人认为，设定详细的理财目标没有必要，甚至是多余的。而实际上，管理个人财务就如同驾驶一辆汽车，如果没有详细的目标，个人理财就如同驾驶汽车时没有目的地、没有方向，永远也不会抵达终点。

在现实生活中，虽然很多人的理财目标是非常模糊、笼统的，难以用精准的货币来量化，但是投资者依然需要对这些模糊性的理财目标做出明确的说明，计算出要达成目标所需要的资金。例如，很多人将理财目标设定为购买汽车，那么想要实现这个目标，就需要根据车子品牌、车子的市场价位、能够申请多少贷款以及能够获得多少优惠等信息有效地计算出达成该目标所需要的资金。

总的来说，设定个人及家庭的投资理财目标是实现有效理财的第一步。不管是个人还是整个家庭，在制订理财目标规划时，都应该在对自身及家庭财务完全掌握的情况下，分步骤制订目标，并根据理财目标的实现时间和预期回报为自己定下投资期限和选择投资工具，这样才能保证目标规划的有效实行、实现财富的有效积累。

三、 单身（未婚）期理财

单身（未婚）期的理财人群主要是在校大学生以及刚踏入职场的年轻人。在这里，把这些未婚的年轻人统称为单身年轻人。随着整个社会结婚年龄的推迟，这一群体数量呈现增长的趋势，对于理财方面的需求也随之提高。这种形势下，如何满足这一群体的理财需求呢？

1. 单身期理财须知

（1）单身期的主要特征。

从参加工作到结婚之前，时间在2～5年。

年龄阶段大概在23～27岁。

前期收入不高，但无太大经济压力和生活负担。

拥有较多的可自由支配收入，收入的大部分用于支付房租；购买个人护肤用品、服装、基本的家用器具；支付交通、度假等方面的费用。

工作积极性较高，精力旺盛，敢于赚钱。

虽然起点不高，但是工资增幅比较快，此时投资的重点不在于获利而在于积累经验。

（2）单身期的风险承受能力。

在单身期，没有太大的生活压力和家庭负担，在控制好消费的前提下可以拿出部分储蓄进行高风险投资。例如，将60%的资金用于风险较大，长期回报较高的股票、基金投资；将20%的资金放在定期储蓄上面；将10%的资金放在购买保险上面；将10%的资金放在活期储蓄上面。

除此之外，单身期也拥有较长一段时间的职业生涯，有较多的时间和精力累积财富，这样即使投资理财的短期效果未能实现预期，仍旧可以重新部署，加上没有太大的家庭负担，所以承受风险的能力较强。

（3）单身期的投资理财方向。

单身期的投资理财主要以高风险的股票或基金为主，如新兴市场股票基金，目标在于赚取较高的潜在回报。所以单身期可以采取定投股票型基金来帮助自己累积财富。

2. 如何做好单身期理财

根据以上对于单身期投资者的信息说明，大家基本上可以了解单身期投资者的主要特征、风险承受能力以及自身投资理财的方向等，接下来需要解决的问题是如何做好单身期的理财。

（1）确定合适的理财目标。

对于投资者来说，理财的最终目的是拥有更好的生活。人们都希望将生活之外的闲置资金进行积聚、投资、管理，聚沙成塔，只有这样，才能最大限度地提升财富，实现高品质的生活享受。但是，如何才能有效地提升财富、实现财富积累？这就需要投资者对资金进行理财规划，确定合适的理财目标。毕竟，只有拥有了明确的目标，才会拥有持续理财与投资的动力。

在现实生活中，很多人都将拥有一套属于自己的房子当成人生的一个重要理财目标。但是，正当人们精打细算，投入多年积蓄，终于买下属于自己的一套房子之后，又会有各种生活负担和压力涌来，如房贷、车贷、子女抚养及教育经费等。理财仿佛一直伴随在人们身旁，大到购房、子女教育、养老等，小到计划一次旅游、购买一件奢侈品等，都离不开理财目标的确定。

因此，对于理财目标的规划，应该从人生的需求层次来划分。先做好几项重大的人生规划，并且相应地制订理财目标，根据目标等级一一实现，并根据自身情况适时调整自身需求。一方面，对于单身期的投资者来说，理财目标的重点之一应该是投资自己，通过继续深造提升自我价值。另一方面，理财目标需要先进行财富积累，这样为以后买房、买车、结婚等做足一定的资金筹备。这个阶段的财富积累，要按照先聚财、后增值、再购买住房和车子的顺序来安排自己的理财规划。

此外，需要注意的是，单身期的投资者对于第一个目标最好不要制订得太高，否则难以实现。对于目标所需要达成的时间也需要明确，最好是1～3年；在制订第二个目标的时候，可以适当地增加难度，在时间的期限上可以将完成时间设定为3～5年。

（2）根据目标制订投资理财计划。

在确定完理财目标之后，人们应该根据目标来制订出合理的投资理财计划。投资理财计划主要包括以下几个方面。

职业计划。想要获得更多的财富积累，需要拥有一定的本钱。职业是个人收入的主要来源，在制订个人理财计划时，应该先对自己的职业做出相应的计划。如何制订有效的职业计划？从长远发展的角度来看，个人投资是单身期理财的重中之重，主要包括身体素质锻炼方面的投资和学习进修方面的投资。因此，要积极地投入工作，努力创造出有财可理的条件；投资学习，多掌握一些工作经验和技能。毕竟，知识就是财富，把钱装进脑袋比把钱装进口袋收益更大。同时，要注重身体的训练与保养，毕竟身体是革命的本钱，健康是最大的财富。

创富计划。俗话说：“勤俭持家不如能挣会花。”在单身期，年轻人可以充分发挥个人的特长，通过经商或兼职，广开财源；挣钱后一边消费，一边科学投资理财。如果在工作期间没有充分用到自身的全部技能，或者可以轻松地完成本职工作、尚余有大量精力，此时需要做的就是脱离舒适区，克服惰性，充分发挥自身的潜力，趁着年轻、精力旺盛，加快创富的脚步。

聚富计划。在获取一定的财富之后，需要制订相应的聚富计划。如“零存整取”“基金定投”等，让部分薪资自动投资，这样随着时间的推移就会积累更多的财富。

节流计划。单身期，由于没有过重的生活压力和经济负担，很多年轻人的消费往往没有节制与约束。例如，一些年轻人注重名牌，经常入不敷出；一些年轻人追求享乐，生活总是依靠信用卡、借贷平台来勉强维持。因此，年轻人对于消费需要拥有一定的节流意识。一方面，要做好个人的收支预算，制订合理的消费计划，尽量减少不必要的生活开支。例如，不购买超出自身生活水平的高档奢侈品；不狂热追求昂贵名牌。因为这些都会使得年轻人陷入入不敷出的窘境。对于金钱的使用需要有计划、有节制，务必真正将钱用在刀刃上。另一方面，做出一个强制性的开支预算，在收入的范围内做好支出。例如，在日常生活中记录“流水账”，根据这些累积的消费信息，可以快速地整理出本月的消费金额，其中哪些是必要支出，哪些是“意外冲动开支”，这些信息都能够帮助人们有效地制订节流计划、采取节流措施。

债务计划。单身期的债务计划主要包括两个方面：按揭购房和贷款购车。这一计划也是很多年轻人在单身期需要考虑和面对的问题。从积极的角度来看，债务能够帮助人们长期保持均衡消费。但是人们对于债务还需要加以管理，将其控制在一个合理的范围之内。反之，没有按揭购房、买车能力的单身人群，尽可能不要承担过多的债务压力。

投资计划。深入职场几年之后，很多年轻人凭借自身的努力，在单身期就积累了一笔小小的财富。所以，当单身人群的资金储蓄越来越多的时候，就需要制订投资理财计划。

首先，应该充分考虑投资理财平台的收益性、安全性和流动性这三方面。

27岁的李小姐是某知名企业的白领，工作4年有余，目前还是单身。李小姐一个月的工资为5000元，加上绩效奖金等，每个月收入大约有7000元。经过几年的辛苦工作，李小姐已经攒下了十多万元。由于李小姐暂时没有买车的打算，李小姐决定先做一些投资理财，让自己的钱"生"钱。

李小姐表示，她做投资的目的很简单，就是要求流动性高且收益比银行存款高。由此可以判断出，普通银行的定期储蓄与国债都不是李小姐的投资首选。李小姐的投资方向应该放在基金与股票上。在这两种投资产品上，李小姐并没有注意到产品的安全性，也没有结合自身对股票的了解以及自身对风险的承受能力做出谨慎选择，而是盲目听从了身边人的投资建议购买了股票。一年之后，当李小姐取出所持有的股票时，股票不仅没有获得增值，反而连本金都没有保住。

李小姐在进行投资时，首先考虑的因素是收益性和流动性，所以在进行理财产品选择时，无形中偏向了股票和基金等收益性、流动性、风险性较高的产品，且在一定程度上忽略了投资的安全性和风险性，没有谨慎投资，最终不仅没有获得更多的收益，连原有资产也减少了。因此，对李小姐这种没有太多理财经验，且想要获得较高收益的单身群体来说，必须考虑投资产品的安全性和自身对风险的承受能力，在此基础上做出谨慎投资。

其次，做好四类钱的规划，即“生”钱的钱、保值的钱、保命的钱以及要花的钱，将这四类钱做好分类，分别放在不同的地方。例如，将“生”钱的钱放在收益性较好的投资项目上；将保值的钱存放在银行卡里或者用于购买国债；将保命的钱用在保险项目和养老项目投资上；要花的钱，既可以以活期的形式存放在银行卡中，也可放在网上支付工具中。

除此之外，面对种类繁多的投资工具，从简单的银行储蓄到投资股市和房地产，不同的投资工具需要投资者根据自身的情况和特点加以选择。只有找出适合自身的投资产品，才能实现长期稳定的财富增长。

总的来说，投资理财是一个长期、理性并且专业的投资行为，对于绝大多数缺乏理财经验的单身群体来说，既不能将投资过多地集中于单一产品，导致风险过于集中；也不能频繁地在市场里进进出出、太过活跃，毕竟，多数投资产品的价值只有在长期的积累下才能体现出来。

四、 家庭形成期理财

家庭形成期也被称为筑巢期，它主要是指从结婚到子女出生的时期。相对来说，这一时期是家庭氛围最轻松、最甜蜜的时期。在事业上，处于家庭形成期的人追求个人的不断成长以及家庭收入的逐渐增加。与此同时，除了生活中正常的家庭开支外，这一时期的支出还体现在浪漫、潮流的消费上。大多数人会为结婚购房、购车等，借贷负债较高，承担着较大的经济压力。考虑要孩子的家庭，还要为下一阶段孩子的出生做准备。面对这些情况，作为家庭经济支柱的准父亲、准母亲，也将承担更多的经济压力和家庭责任。因此，为了迎接孩子的出生，提前为家庭制订和执行有效的理财规划显得尤为重要。

1. 家庭形成期理财须知

从整个家庭的生命周期来看，家庭形成期的理财规划起着重要的承上启下作用，在以后的各个阶段，只要根据家庭的具体变化对这个规划做出相应的调整即可。一般情况下，对于这一时期的投资理财，需要从以下几个方面来考虑。

（1）家庭形成期的主要特征。

从结婚到子女出生，时间在 1～5 年。

年龄在 25～35 岁。

收入逐步增长，需要承担相应的经济压力和生活负担。

拥有一定的可自由支配收入。收入的大部分用于购买住房、车子、结婚，以及日常生活开支等。

消费上，没有过多的生活经验，存在一定的盲目、不理智消费。

工作上，属于事业上升期，拥有较强的拼搏欲望，敢于追求高收入。

理财上，没有太多的理财概念，缺乏理财经验，易忽略投资理财的重要性。

（2）家庭形成期的风险承受能力。

在家庭形成期，由于结婚前期的准备，部分家庭需要承担房贷月供、车贷等经济负担。同时，这个时期也属于家庭消费高峰期。为了提高生活质量，人们还需要支付较大的家庭建设费用，如购买高档生活用品、高档电器等。所以，对于风险的承受能力相对单身期会有所变化。受整个家庭的影响，处于家庭形成期的人群对于风险的承受能力会相对降低。

但相对于家庭成长期和子女教育期来看，人们在家庭形成时期拥有更长时间的职业生涯，拥有较为充沛的时间和精力累积财富，所以即使投资理财的短期效果没有达到理想状态，也有更多的时间可以重新选择和规划，故对于风险的承受能力并不是很低。

这种情况下，人们可以选择一些进取型的理财工具，如股票、偏股型基金等，以期获得较高的回报。当然，也可以选择一些较为保守的理财工具，如银行卡定期储蓄、国债等，以期获得稳定的回报。总之，具体的理财工具需要根据家庭的内部情况以及风险的承受能力来进行选择。

（3）家庭形成期的投资理财方向。

家庭形成期的投资理财可以以高风险和高回报的股票或基金为主，也可以选择风险和回报都相对较低的定期储蓄。其目的主要包括两个方面：一是帮助家庭赚取更多的财富；二是帮助家庭存储稳定的积蓄，保证家庭的正常开支和稳定的资金积累。

对于家庭形成期的投资理财方向，建议将闲置资金的50%留作定期储蓄，15%用作活期储蓄，35%用于投资股票、债券或保险。保持相对综合、平衡的投资方式，既能维持家庭稳定的收入，又能在家庭承受风险能力的范围内，带来一定的高收益。

2. 家庭形成期的投资理财策略

根据家庭形成期的状态，上文基本阐述了投资者的主要特征、风险承受能力以及家庭投资理财的方向等，接下来需要考虑和解决的问题是如何做好家庭形成期的投资理财。

（1）确定合适的理财目标。

对于每个家庭而言，理财投资的最终目的都是获取高收益以及更加稳定的生活。人们都希望在满足正常生活的基础上，充分利用闲置资金，发挥资金的天赋与价值，使得财富不断积聚、增加，从而实现高品质的生活。

那么，如何才能有效提升家庭财富，实现财富的稳步积累呢？这就需要理财者确定合适的理财目标，对整个家庭的闲置资金进行理财规划。只有在合理有效的理财目标指引下，整个家庭才会实现财富的不断增长。

吴先生32岁，结婚已有3年，月收入8000元。吴太太每个月收入3000元，家里有个2岁的孩子。每个月家庭的基本开销在4000元左右。目前，吴先生家有定期存款18万元、活期存款5万元。

为了让这些闲置资金得到充分利用，吴先生特地制订了一系列理财目标。

短期目标：18万元定期存款到期后，连本带利取出，用来投资中高风险的股票和基金，前几个月理财的主要目的是让这些钱快速增值，实现"钱生钱"。预计时长：未来6个月~2年。

中期目标：如果股票和基金投资顺利的话，吴先生打算利用这些钱做房产投资，即购买一套首付在20万~30万元的住房，然后租给上班族，利用每个月的租金来还房贷。预计时长：未来2~3年。

长期目标：待房价上涨到一定程度，将手中的房子卖出，将卖房款一部分存成定期，作为子女未来的教育经费储备；另一部分用于改善家庭生活，提高生活质量。预计时长：未来3~5年。

综上可以看出，吴先生将手中的闲置资金充分利用起来，先是用于购买股票、基金，实现财富升值。当财富升值到一定程度后，选择房产方面相对稳健的投资，将所有的房产收益用来储备子女的教育经费和改善家庭生活。

（2）根据目标制订具体的投资理财规划。

在确定家庭理财目标之后，应该根据目标制订出合理的投资理财规划。投资理财规划主要包括以下几个方面。

第一方面：保险规划。

在家庭投资理财中，保险规划应作为首要考虑因素。制订保险规划首先需要确定保额和保险费，一般情况下，根据中等收入家庭来看，一个家庭每年的保险费支出应该以年收入的10%为宜。当然，具体的保额也需要根据家庭的具体情况来确定。对于普通家庭来说，该家庭所需要的保险保额约为家庭年收入的10倍左右。例如，某家庭年收入10万元，其保额就需要100万元。同时，家庭在做具体规划时还需要将房贷、车贷等纳入保险需求之中。

其次，家庭还需要进一步确定保险的种类。从家庭的生命周期来看，家庭形成期作为刚刚起步的时期，需要重保障、轻投资，所以应该尽可能地选择一些保费便宜的消费型的定期寿险、大病保险以及意外伤害保险，真正做到保费小、保额大。

最后，在家庭资金比较宽裕的条件下，还可以选择一种能够贯穿整个家庭生命周期的投资型保险，即万能险。相对于其他保险来说，这种保险的保费和保额比较灵活。

第二方面：创富规划。

在家庭形成期，夫妻双方年龄在25～35岁，这个时期的小家庭正处于人生起步并且迅速成长的上升期，无论在工作上还是在投资上都有一定的挑战精神和冒险精神，喜欢尝试一些新生事物，经得起一定的挫折与失败，在投资上也能承受得住较高的投资风险。因此，夫妻双方在工作上应该充分发挥自身的特长和优势，充分利用自身旺盛的精力和探险精神，在这个基础之上，开辟更多的财富路径。

即便夫妻双方没有充分发挥出自身在职场中的价值和能量，也需要投入大量的精力去不断学习、积累，趁着年轻，加快创造财富的脚步，而不是停滞不前。

第三方面：聚富规划。

一旦组建家庭，生活的方方面面都需要用钱，除满足正常的家庭开支外，还需要满足人情往来、社交娱乐等。可以说，节流规划和聚富规划是相伴而行的，一旦节流规划出现了混乱，相应地也会打乱聚富规划。所以，在这个时期，家庭需要做好节流和聚富这两种规划。在生活上，要避免一些盲目型、冲动型的消费，树立理性消费的理念。在资金上，要做好家庭的收支预算，制订出合理的消费计划，尽量减少一些不必要的开支。总之，对于金钱的使用，务必保持理性，真正有计划、有条理地将钱用在实处。

第四方面：债务规划。

家庭形成期的债务规划主要来源于：房贷和车贷。这一规划是很多刚组建的家庭需要考虑和面对的。债务上的规划，能够帮助家庭找到理想的目标和发展方向，引导家庭朝着理想的生活状态努力，并且能够帮助家庭在长期范围内保持相对均衡合理的消费。

但同时，债务规划需要符合实际情况，压力需要保持在可承受的范围之内。很多刚刚组建的家庭，本身就没有一套科学、合理的理财方案，更没有太多的生活经验和阅历，在面对突如其来的庞大债务压力时往往不知所措。所以，对于家庭债务上的规划，需要将其控制在一个相对合理的范围之内，在进行还债的同时，保障最基本的生活。

五、 家庭成长期理财

家庭的整个生命周期，大致可分为四部分：家庭形成期，家庭成长期，家庭成熟期，家庭衰老期。在不同的时期，家庭的收入、支出以及家庭的理财目标都是不一样的，这也就决定了每个时期的家庭理财规划会有所不同。那么，在经历过家庭形成期之后，进入家庭成长期，人们需要进行怎样的投资理财规划呢?

1. 家庭成长期须知

（1）家庭成长期的主要特征。

家庭成长期一般是指从小孩出生到上大学这一阶段，时间在 9 ~ 12 年。

年龄在 30 ~ 55 岁。

收入均衡增长，需要承担较大的经济压力和生活负担。

收入的大部分用于生活开支、子女教育、旅游等方面。

除基本的生活支出之外，略有盈余，有一定的可自由支配收入。

事业上，属于事业的平稳和成熟期，追求稳定的收入和稳定的职业。

投资理财上，拥有一定的理财概念，但是因忙于工作很少进行理财的研究分析，难以找到符合自身家庭需要的理财产品。

除此之外，根据调查显示，在家庭成长期的支出方面，孩子的消费在家庭总支出中所占据的比重越来越大，即便是家庭公用的大件消费也往往是以孩子的需求为中心的。并且随着孩子年龄的不断增长，消费支出也在不断增长，甚至逐步可达到家庭总体消费的30%左右。面对这一形势，如何在满足子女消费的同时，平衡好家庭的总消费，兼顾好整个家庭的财富增长？这就需要夫妻双方做好家庭成长期的理财投资，合理规划和分配资金。

（2）家庭成长期的风险承受能力。

家庭成长期的风险承受能力，当然不能与昔日的单身期相比。于家庭成长期而言，其风险的承受能力最终还是取决于家庭的投资能力、家庭成员的投资意愿以及风险承受能力。

例如，某家庭夫妻双方均有强烈的投资意愿。但经过一系列的风险能力测试与评估，得出丈夫的风险承受能力较高，属于激进型投资者；妻子的风险承受能力较低，属于保守型投资者。这种情况下，如果夫妻双方各执己见，各投各的，那么丈夫就是激进型；妻子就是保守型。但如果夫妻双方相互协调，尊重彼此意见，考虑为整个家庭做出统一投资，那么最终投资类型很可能属于中风险型投资，这时家庭成长期的风险承受能力就是适中的。

综合来讲，家庭成长期的风险承受能力与诸多因素相关。例如，家庭月收入与月支出情况，每个月有多少闲置资金；投资者的年龄和性格；理财预期收益目标以及对于未来收益增长的信心等。一般情况下，没有标准答案，想要确定某个家庭在成长期的风险承受能力还需要采用定性与定量相结合的方法进行综合评估。

（3）家庭成长期的投资理财方向。

在家庭成长期，家庭最大的开支是子女的教育以及保健医疗费用等。这种情况下，投资理财的方向可以选择以创业为目的的投资，如持股、成为创业合伙人等；也可以考虑将30%的资金用于投资房产，以获得长期、稳定的回报，30%用于投资基金、股票或外汇等，20%投资于银行定期存款，10%用于投资债券或者保险，10%作为活期储蓄，作为家庭紧急备用金。

从某种程度上说，家庭成长期的投资理财方向需要按照家庭的优先顺序进行分配，如子女教育的投资>资产保值增值投资>家庭应急基金>特殊理财目标。

2. 家庭成长期的理财规划

（1）收支预算规划。

在家庭成长期，家庭的收入主要来源于夫妻双方，但是家庭的支出包括各个方面，如子女教育方面、老人赡养方面、医疗看病方面等。对于每个方面的消费支出，都需要做出一定的预算和规划，从而避免需要用到资金时无钱可用，同时帮助家庭减少一些不必要的消费。

如何制订家庭的收支预算规划？首先需要明确家庭的预算周期，即月预算和年预算。也就是要明确知道家庭在未来一个月或一年中的收入大概有多少。根据量入为出的原则，制订相应的支出预算规划。这样做的目的是在合理的范围内，有效地控制和约束家庭的整体支出，进而保障家庭财富的有效积累。

通常情况下，月预算主要包括日常生活中的开销，相对年预算来说，月预算比较详细，甚至具体到每一天的每一笔消费。

月预算主要包括两个方面的开支：一方面是固定开支，另一方面是非固定开支。其中固定开支主要是指在一个月内最基本的消费，如水电、天然气、煤气、电话费、生活费、托儿费、学杂费以及老人赡养费等。这些都属于不可避免的基本消费，家庭在制订预算规划时必须将固定开支部分留足，以保障基本的生活。非固定开支主要是指一些可多可少的消费项目，如服装、美容、娱乐、聚会等。家庭在制订预算规划时，应该根据每个月的实际情况对这部分开支予以增加或者减少。

年预算规划的制订主要包括家庭大件公用物品、较大的家庭设施的消费，以及生活品质的改善消费。如购置一些大件的家用电器、家具，改善和装修房屋，旅行计划等。对于这些预算，家庭需要先为此提前进行筹款，可以通过实施节俭计划、压缩开支等策略来保证目标的实现。

此外，需要注意的是，家庭在制订收支预算规划时，要遵循适度的原则，根据具体情况实行适度节俭和消费。尤其在家庭非固定开支部分，一定要把握得当，如果没有约束，就会造成资金浪费；如果控制太紧，又可能使得家庭消费束手束脚。

（2）子女教育资金规划。

在家庭成长期，对于大部分家庭来说，最大的开支就是子女的教育开支。并且，随着教育行业的不断成熟发展，如今的家庭需要越来越多的资金用于子女教育，所以，对子女教育上的资金规划应该提前做好充分准备。

准备教育资金的途径有很多种，如家庭直接配置教育金保险、通过基金定投的方式来实现资金筹备等。

（3）家庭保障规划。

在家庭成长期，无论家庭的成长和财富的积累是怎样的平稳，保险都是每个家庭理财中不可或缺的一种投资理财方式。除基本的社会保险外，家庭还需要适当地配置一些大病保险和意外保险等，尤其是对于成长期的家庭中老人年岁过高或者孩子较多的情况。一旦遇到意外和突发情况，这都是一种有效的家庭保障，不会给家庭其他成员带来过重的经济负担，对整个家庭的影响也会大大降低。

万先生今年40岁，家中有一个上小学的孩子。在家庭收入方面，万先生和万太太均属于工薪阶层，收入来源比较单一，主要依靠两个人的工资来维持生计。在家庭支出方面，除生活中的日常开支和贷款月供之外，其他支出主要都用于家庭保障，包括对子女的意外保险投资、老人的大病保险投资。其中，对于双方父母医疗的支出是刘先生家庭财务安排中的重要内容。

去年，万先生家中的老人生了一场大病。对于普通家庭来说，动辄十几万元的医疗支出是非常困难的，但是由于老人的新型农村合作医疗保险可以减免部分医药费，再加上万先生为老人购买的大病保险又为家庭报销了很多费用，最后计算下来，万先生仅仅支付了3万元。这对于普通家庭来说，基本上是可以接受的。

万先生的家庭正处于家庭成长期，在这个时期内，万先生夫妇的工资是家中唯一的收入来源，同时对于万先生这种上有老、下有小的“夹心”一族来说，家庭随时都有可能发生意外。所以，对于家庭保障方面有所规划，是每个家庭都必要做的事情。

3. 家庭成长期家庭理财产品的选择

在家庭成长期，家庭理财产品的选择可以从以下几点考虑。

（1）基金。

相对于其他理财产品而言，基金的收益和风险较高。处于家庭成长期的家庭，可以考虑购买基金。但要注意的是，面对再好的投资产品，每个家庭都需要先清楚自身的投资目标、投资周期以及对于投资风险的承受能力等。

例如，某家庭想要快速获取收益，并且愿意接受中高风险的产品，这种情况下，相较于其他理财产品，股票型基金无疑是可以考虑的对象。

（2）银行理财产品。

银行理财产品主要是指将募集到的资金根据产品合同约定投入相关金融市场及购买相关的金融产品，获取投资收益后，根据合同约定分配给投资人的一类理财产品。主要分为两种：一种是固定收益产品，另一种是浮动收益产品。银行理财产品的优势在于安全、稳健；劣势在于门槛较高、流动性较差。例如，某家庭拥有较多的闲置资金，希望将资金放在一个安全性、稳定性较高的平台，那么这时候银行理财就是不二之选。此外，由银行代理的其他理财产品也可以作为一些家庭的选择，如国债、保险、黄金、外汇等。

六、 家庭成熟期理财

家庭成熟期又被称为离巢期，它主要是指从子女大学毕业到参加工作、夫妻双方均退休这一时期。相较于家庭的其他时期来看，这一时期的家庭由于子女已经完成学业，并且具备一定的社会生存能力，家庭储蓄开始呈现大幅增加的趋势，属于家庭资产的高峰期。处于这个阶段的家庭中的父亲或母亲需要对之前的理财规划做出一些调整。

1．家庭成熟期理财须知

如何有效调整家庭成熟期的理财规划呢？可以从以下几个方面来

考虑。

（1）家庭成熟期的主要特征。

家庭成熟期时间在 10～15 年。

夫妻双方的年龄阶段在 50～65 岁。

家庭成员的数量随着子女的成熟独立而减少。

经济压力和生活负担开始减小，家庭储蓄随着收入的增加以及支出的降低而大幅度增加。

夫妻双方事业上的发展与收入均达到高峰期。

除日常的生活开支之外，拥有一笔可观的积蓄可用来自由支配。

在生活上，努力构建退休后的生活蓝图，包括旅游、学习、娱乐等。

在理财上，家庭开始注重医疗、健康、意外保险等规划。

（2）家庭成熟期的风险承受能力。

在家庭成熟期，由于财富积蓄已经到达一个顶峰，对于理财投资上的风险拥有一定的承受能力，但此时绝大多数家庭仍渴望寻求到能够为家庭带来稳定收入的理财产品。综合来看，这一时期的家庭对于风险的承受能力属于中等偏强型。

（3）家庭成熟期的投资理财方向。

由于子女的独立，家庭的收入和支出方面开始出现转变，这时候家庭急需调整理财规划。对于家庭成熟期的投资理财，部分家庭会选择中高风险的股票或基金，还有部分家庭会选择以中低风险为主的稳健型理财产品。目的主要包括两个方面：一方面是帮助家庭财富资金继续增值，获取更多的财富，为儿女提供相应的资金援助；另一方面是为家庭带来长期、稳定的收入，保障家庭固有资金。

对于家庭成熟期投资理财的方向，建议注重风险，“稳”字当头。随着夫妻双方年龄的增长，家庭投资还是要以稳健为主。在具体的投资比例上，家庭应该适当地降低股票类的投资数量，提高债券类的投资比重；在投资种类的选择上需要重点结合养老保险、健康保险、退休问题等方面进行。

2. 家庭成熟期的投资理财规划

（1）保险规划。

在家庭成熟期，随着夫妻双方年龄的增加，投资专家建议，这一时期，投资理财规划重在保险，它是该时期每个家庭理财中必不可少的一种投资理财方式。主要包括基本的社会保险以及一些大病保险和意外保险等。

此外，由于子女成年并走向工作岗位，家庭成熟期的保险需求也会出现变化，这时候家庭可以不必再着重考虑子女方面的保险支出，应该将重点放在夫妻二人的保险规划上。在保险费用上，家庭可以仍然按照之前的标准来确定，但是在保额上需要注意根据具体情况做出具体的变动与调整。在保险的种类上，应以医疗健康方面的保险为主，同时也可以适当地投放一些终身保险。

有一对夫妻，均为企业工人，两个人兢兢业业，年收入在10万元左右。由于年岁已大，家庭积蓄也足够二人未来养老，这对夫妻决定退休。退休之后，夫妻二人准备用手中的积蓄进行投资。为了获得较多的回报，夫妻二人将闲置资金的80%用在了基金产品和银行定期储蓄上。剩下20%的闲置资金放在活期储蓄中，用于生活中的日常开支和应急等。至于两个人的医疗保险等方面的投资，全部依靠之前企业所购买的保险。

这种理财方案在前期确实帮助这对夫妻实现了一定程度上的财富增

值，但是就长远的利益来看，夫妻双方随着年龄的增长，在保险方面的需求会越来越多。夫妻二人除之前公司提供的社保之外，在财务上并没有对应收入的商业保险。在未来，这可能是财务上存在的风险隐患。除此之外，夫妻双方对于意外保险、重大疾病保险方面的保障措施仍然没有充分考虑，并且重大疾病和突发意外情况是现代风险极高的家庭灾难。所以，对于保险方面的投资缺口，需要及时重视和补足。

（2）退休规划。

在做理财规划时，家庭需重点注意哪些规划？保险专家表示，除保险规划之外，退休规划也需纳入其中。当家庭将孩子抚养成人之后，就应该多多考虑自身的退休养老。对于此时期的家庭来说，这也是一件非常重要的事情，它关乎整个家庭的幸福。

在现实生活中，很多人并没有太多的想法和规划，甚至一些人认为自己已经参加了单位的养老保险，就没必要担忧退休之后的生活了。可事实上，退休之后能够领到的养老金可能只能用来支付生活中的部分开支。因此，在退休前期人们就需要将退休规划列入家庭投资之中。在前期，家庭就需要估算退休后的基本养老金，确定退休之后的生活类型，如是温饱型、小康型还是享乐型。对于不同类型的目标规划，需要有相应数额的资金来匹配。针对以上信息，大致算出退休后需要的资金数额，越详细越好，在此基础上计算资金缺口，找到合理的应对方式来弥补缺口，进而满足自身的退休目标。

孙先生和孙太太今年52岁，他们有一个孩子工作一年有余，因此无论是从经济压力上还是生活负担上来说他们都轻松了很多，不用再承担子女的教育费、抚养费。同时，孙先生夫妻二人也有更多的时间和精力来规划和安享晚年生活。目前，他们手中有近15万元的积蓄，孙先生决定将其分为四个部分进行规划。第一部分：保险规划。3万元用在保险投资上。第二部分：旅游规划。3万元用在旅游和享受生活上，并且他们已经开始制订旅游规划。第三部分：应急规划。2万元用在家庭应急和日常开支上。第四部分：增值规划。剩下的7万元用在投资理财上，使资金得到流动和升值。

孙先生夫妻二人将退休规划清晰地分为四个部分，并且对于每一笔资金的使用都有着较为详细的说明。这足以见得，在前期他们就已经对整个家庭的资金情况进行了深入了解，知道未来养老需要投入多少资金才能保障退休后的生活；同时，充分利用积蓄进行投资，实现财富增值，并在此基础上定下享乐型的退休目标，制订出旅游规划。这可谓一套合理而充分的退休规划。

3. 家庭成熟期理财产品的选择

家庭成熟期正是家庭财富的鼎盛期，这个时期家庭财富已经有了足够的累积，收支状态是收入大于支出，生活压力大大减轻，对于投资理财的需求较为强烈。在这个时期，对于理财产品的选择多以中低风险、稳健型的理财方式为主，如债券、银行理财、信托等。同时，伴随着少量配置的股票类资产以及养老基金定投等。

马先生今年50岁，居住在南京，拥有一套住房、一辆车，还有20万元的积蓄。同时，两个孩子也已经大学毕业，步入工作岗位。随着家庭收入的不断增加，马先生开始琢磨下一步的投资理财计划。

马先生透露：“前几年投资股票，因为时机不巧，正赶上股市大跌，投入8万元，仅仅一个月就亏损了15%。”经历过股市投资的教训之后，马先生开始注重稳健型理财产品的投资。这次理财，他打算将手中的10万元都用在固定收益类产品的投资上。其中6万元用来购买银行理财产品，剩下4万元用来购买国债。马先生表示：“从收益上来看，固定收益的产品比银行利息要高一些；从长期配置的需求上来看，国债又恰巧满足了稳健的需求。”

根据以上情况来看，马先生具有一定的投资意识，也拥有一定的投资资本，但在投资选择上仍然经验不足。在这种情况下，建议马先生在保持稳健收益的基础上，改变投资结构、增加投资种类以分散风险。同时，根据自身情况，适度增加进取型资产配置。

在资金的具体分配上，家庭可以预留1～3万元作为半年生活的日常开支。剩下的收入可以自由配置，如投资一些中短期理财项目。对于每个月的资金余额、闲散资金要进行充分利用，如购买一些货币型基金。这样，不仅能够使资金保持较好的安全性和流动性，收益也比银行活期存款要高很多。

假设马先生手中有10万元资金，综合以上因素进行理财规划，那么具体的理财建议是，将可支配的10万元资金分为三部分：其中30%用于购买健康及养老保险，20%用于应急现金储蓄，50%用于购买国债及银行理财。这种相对均衡的分配形式既考虑到了家庭的保障规划、日常开支预算的规划，也能够充分发挥闲置资金的价值，让财富增长起来。

七、 家庭衰老期理财

家庭衰老期又被称为空巢期，它主要是指从子女大学毕业到参加工作、夫妻双方均退休这一时期。从家庭的整个时期来看，家庭衰老期是理财的最后一个时期。这时候的家庭状况开始进入衰退期，家庭收入较退休前开始减少，除了基本的养老金，主要收入仅来源于理财或转移性收入。如社会团体、工作单位对居民家庭的各种转移支付以及居民家庭之间的收入转移等。

在经济支出上，物质生活支出较少，如吃饭、服装、装扮上的消费大大减少。对于医疗和休闲娱乐方面的消费开始增加。甚至在多数情况下，经济支出大于收入，需要依靠消耗退休储备金来维持生活。面对诸多与以往不同的情况，处于这个时期的家庭理财投资需要重新做出调整和规划。

1. 家庭衰老期理财须知

如何有效调整家庭衰老期的理财规划？可以从以下几个方面来考虑。

（1）家庭衰老期的主要特征。

家庭衰老期是指从夫妻退休到一方过世这一时间阶段，为 10 ~ 20 年。

夫妻双方的年龄在 65 岁以上。

家庭成员的数量减少至两人，特殊情况除外。

经济压力和生活负担减小，但同时无稳定收入来源，家庭储蓄开始逐渐减少。

除日常的生活开支外，在休闲娱乐、医疗健康方面的支出较多。

拥有一笔退休储备金可用来自由支配。

在理财上，注重医疗、健康保险投资以及一些稳健型、灵活型的理财产品。

（2）家庭衰老期的风险承受能力。

在家庭衰老期，夫妻双方没有薪资收入，资金主要来源于理财收入和退休金。这个时期的家庭对于风险的承受能力偏中低，绝大多数家庭都希望找到一种能够为家庭带来稳定收入、保障家庭生活支出的理财产品。人们对于理财产品的主要要求是安全性和稳健性。

（3）家庭衰老期的投资理财方向。

这时期的家庭虽然没有太大的开支，但是在医疗、保健、休闲方面需要相应的费用来支撑。对于一些无固定收入的家庭来说，依靠养老金来维持生活，禁不起任何的风险和突发情况。所以在这种情况下，对于投资理财产品的选择要格外谨慎，应以“稳”为主。在具体的理财比例上，家庭应该尽可能地避免股票类投资，提高债券型投资的比重；在投资种类的选择上，需要从充分结合健康保险、养老保险、医疗保险等方面进行。

2. 家庭衰老期的投资理财规划

很多人认为，处于该时期的家庭已经失去了稳定的薪资来源，没有更多的收入，所以根本谈不上投资理财规划。可事实恰恰相反，正是因为家庭衰老期没有长期、固定的收入来源，所以人们更加有必要对手中的资金进行合理规划、有效分配，从而保障自己稳定的晚年生活。

（1）保险规划。

在家庭衰老期，夫妻双方的身体状况也处于衰老期。在这一时期内，除了要注重对身体的保养，还需要制订保险规划。在保险方面，需要进一步加大对养老型险种的投入。

家庭衰老期的保险规划的重点，建议放在医疗和意外两个方面。根据现阶段情况，我国人口老龄化趋势不断加剧，一个家庭承担四位或四位以上老人的情况非常普遍，这也意味着家庭需要承担更多的风险。在这种情况下，如果没有保险作为后盾，那么，一旦老人出现意外，就会给子女带来沉重的负担。因此，处于家庭衰老期的人们，需要结合自身状况以及前期的投保状况，谨慎合理地进行保险理财规划。

一般情况下，根据老年人的特征，可以考虑采用以下几种保险险种。

第一种：健康保险。投资者可以根据自身情况在健康保险的基础上增加老年护理保险。

第二种：意外伤害保险。该险种可以在一定程度上减少家庭在遭受意外伤害时所承受的经济压力。

第三种：投资型保险。投资型保险是从投资理财的层面做出的考虑。该险种主要针对那些购买过健康保险、意外伤害保险后，还拥有一定闲置资金的家庭，它提供一些具有投资功能的险种，如短期分红险、投资家财险等。

（2）收支预算规划。

在家庭衰老期，夫妻双方均没有稳定的薪资收入，但是对于家庭支出除日常生活开支以外，还有医疗费用、保健品费用以及休闲费用等。在大多数情况下，家庭支出可能会超出收入，出现收支失衡的情况。这就要求家庭对于收支方面做出一定的预算规划，避免家庭面临资金困难的窘境。

如何有效制订家庭衰老期的收支预算规划？首先，做出明确的月预算和年预算。也就是说，要提前在心中做好评估，预算出家庭在未来一个月或未来一年内所需要的资金。这样能够有效确保家庭日后在合理范围内进行支出。例如，家庭预计在未来一个月中需要 2000 元的开支，其中包括 1000 元的饮食和生活用品的开支，1000 元的医疗和休闲的开支。那么，这个时候家庭就需要准备 2000 元作为开支，而不是无节制、无规划地消费，甚至是消耗退休储备金。

以上只是一种假设，在具体的家庭预算中，可能还会出现一些不确定因素。所以，对于预算，需要进行细致的划分，尤其是在非固定开支上，需要在以往消费经验的基础上留足甚至多准备一些资金。例如，家庭上个月在医疗上仅仅花费了100元，那么，这个月就不能按照100元来确定预算标准，而是应该留出超过100元的预算，以应对突发和紧急状况的发生。

需要注意的是，该时期家庭在制订收支预算规划时，需要遵循一定的适度原则，尤其是家庭的非固定开支部分，不能因为收入有限就控制太紧、限制消费。反之，也不能因为退休金可观，就任意挥霍。

（3）投资规划。

处于该时期的家庭，虽然资金并不十分充裕，但仍有一部分闲置的资金可以用来投资理财。那么，如何有效进行投资规划，从而充分发挥闲置资金的作用呢？

首先，投资者要树立安全投资的理念。在这个阶段，家庭已经没有相应的风险承受能力，无法再去承担具有高风险的投资理财。所以，在理财方面，要选择一些稳健型的产品来进行投资，并且要重视投资理财的灵活性，从而保证急用资金时可以随时取出。

其次，投资者需要重视现金流入，在投资理财上选择以固定收益为主的理财产品。建议选择“理财金字塔”中第一层或第二层的固定收益品种，以取得平缓的现金流入。在投资的具体安排上，应主要以储蓄为主。如果要配置股票，建议控制在20%以下，债券配置在60%左右，货币配置在20%左右。总之，尽可能多地投资固定收益类产品。

最后，在这一时期，对于那些拥有较多资产的老年投资者来说，还需要考虑采取合法节税的措施，将财产有效地转移给下一代。例如，可以选择投资一些保险，将收益人设置为子女。

（4）财产传承规划。

在家庭衰老期，夫妻双方年龄偏大，虽然手中拥有一定的供退休养老的积蓄，但对于高风险、高收益、灵活性较差的理财产品，已经不具备相应的购买条件。在这个阶段，如何更好地传承，才是理财的重点。

同时，对于一些拥有过多资产的家庭来说，如何在保障自身生活的前提下，将旗下的财产有效地分割出去、传承给下一代，是需要重点考虑的问题。

2014 年，某大型集团董事长因身体状况不佳，发出公告。公告内容主要是有关财产传承的规划。根据董事长的意见和安排，将其在该公司持有的 50% 的股权进行合理分配。其中 10% 的股权转让给公司中两个持有股份的股东，每人各占 5%；40% 的股权交给其长子，并且委托两位股东共同代为管理。

该案例中的集团董事长有着一定的先见之明。由于其身体不适以及家产庞大，一旦出现不测，其身后的财产难免会引起一系列的矛盾和纠纷。提前对自己手中持有的财产进行传承规划和分配，这不仅避免了财产出现不合理分配、滥用等情况，也让后代成为受益人，这是一种合理性、前瞻性的投资。

在过去，人们也常说家产传承、财产分割等，实际上这也是一种合理的理财。那么，对于该时期的家庭来说，如何在保障自身生活的前提下，有效制订财产传承的规划呢?

在这一时期，财产传承的方式有很多种，如投资信托、保险等。对于保险上的投资，家庭可以将夫妻二人设置为保险人，将子女设置为受益人。这样既是终身寿险也是定期保险，可根据自身需求进行选择。通过这一系列的投资，既能够顺利地传承财产，也能够实现财产的有效转移。

此外，还有一些家庭，对于家庭遗产的传承可能会采用一些更为传统的方式，如事先立下遗嘱。但是，从以往的案例来看，即便是立下明确的遗嘱，在家庭内部还是有产生纠纷的可能性，在遗嘱执行的过程中还会有财产被恶意占有或者不按照遗嘱意愿进行实际分配的情况发生。考虑到这些不确定、不可预测的因素，处于该时期的家庭就需要提前做出合理的财产传承规划，在风险和矛盾发生之前就确定好相应的解决措施。例如，根据自身的家庭状况，制订出相应的财务方案，选择相应的避险工具，进而最大限度减轻对家庭的经济能力和和谐程度的不利影响。

总的来说，处于该时期的家庭虽然已经不参与太多的社会理财，更不急于在理财中获取丰厚的回报，但在不具备稳定、可观收入的同时，还需要承担更多的疾病和意外风险，需要医疗健康、休闲文化等方面的支出。因此，在这一时期，对于退休规划、保险规划、健康管理规划、购房规划以及财产传承规划的考虑和制订都是非常有必要的。

第五章 投资理财"钱生钱"的风险防控策略

众所周知，投资理财是一项充满风险的经济活动，要想通过这种方式增加收益，就必须全面了解投资理财的风险类别，对个人及家庭做好投资理财的风险分析与管理。理财不会让你一夜暴富，任何的投资收益跟风险都是并存的，人们不能只看收益而忽视风险。因此，投资理财除了找准黄金策略，还需要采取风险防控策略，减少损失也意味着增加收益。

一、 投资理财的风险类别

谈到理财，大家一般想到的是投资。而说到投资，大家都能想到一句话：投资有风险，理财需谨慎。也正是因为这句话，很多人对投资理财望而却步。其实这句话是提醒人们投资需要谨慎，并不是让人们停止投资理财。人们不能因为风险，就放弃实现财富梦的机会。

有人认为，生在这个世上就是一场冒险。在这个风险无处不在的世界上，躲避是没有用的，人们需要时刻保持忧患意识，在暴风雨来临前，掌握好风的方向、雨量的大小，并筑好抵御风雨的城墙。投资理财也是如此，在准备投资理财之前，人们需要清楚地知道投资理财有哪些风险类别。只有清楚地知道这些风险类别，人们才能选择合适的理财产品去控制风险。

李女士手头上有几万元的闲散资金，她准备拿这笔钱购买投资理财产品，于是她去家附近的银行咨询。因为之前一直没有购买过理财产品，银行的工作人员就对李女士做了风险评估。评估报告显示，李女士是“不能承担任何亏损”或“仅能承受6%的亏损”。但是银行经理却给她推荐了一款风险比较高的产品，最后忽上忽下的收益浮动，让李女士想放弃这款理财产品。

银行经理这样做固然是不对的，但是李女士应该有自己的主见，应该根据自己的风险评估结果来购买跟自己风险承担能力相匹配的理财产品。所以，在选择理财产品的时候，一定要全面了解投资理财产品的类别。

1. 谨慎型理财产品

这类理财产品一般由银行来保证本金的完全偿付，产品收益随投资表现变动，而且很少会受到市场波动等风险因素的影响。这类产品主要用于投资高信用等级债券、货币市场等低风险金融产品。

投资者选择比较多的谨慎型理财产品是债券。债券是国民金融资产的一个组成部分，是一种既能获得高于银行储蓄存款收益，又能保证安全和稳定的金融投资。所以，在众多的投资产品中，债券是风险低、收益稳的。对于谨慎型、风险承受能力低的投资者来说，债券无疑是极好的选择。

2. 稳健型理财产品

该类型的理财产品跟谨慎型理财产品不一样，稳健型理财产品不保证本金的偿付，但是相较于其他产品而言，本金的风险要小。

在理财产品市场上，很多投资者认为这类理财产品可靠、风险低、收益高，于是这类理财产品在市场上很受欢迎。但是低风险并不等于没有风险，“稳健”只是推销口号，投资者仍然需要面对风险。通常情况下，购买稳健型理财产品需要防范的风险如下。

（1）资金风险。

所谓的资金风险是指通过投资理财募集来的资金会投向哪里，这决定了资金的安全性和收益。一般情况下，将投资理财募集来的资金投向股市或楼市的话，风险无疑会很大，如果投向国债或银行存款的话，风险相对来说要小一些。所以，如果选择这种类型的产品，一定要仔细查看资金会投向哪里。一般来说，资金分散投资、投资安全的项目都有助于降低风险。

（2）收益风险。

购买理财产品的时候，投资者会知道这个产品发行时预期的收益。但是，投资者实际上得到的收益可能比预期的高，也有可能比较低，很多时候会低于银行活期存款，甚至可能是负收益，这就是此类理财产品的风险。

（3）兑现风险。

并不是所有的理财产品到期后都能兑现，所以，在购买稳健型理财产品的时候也要关注兑现风险。如信托产品可能出现逾期无法兑现的情况。虽然这种情况会有政府和机构来解决，但这方面的风险的确是存在的。其实不止信托产品，很多稳健型理财产品都存在这样的问题。

所以，在选择稳健型理财产品的时候，必须重点考虑到资金风险、收益风险和兑现风险，以确保资金和收益的安全性。

3. 平衡型理财产品

绝大多数的平衡型理财产品不能保证本金刚性兑付。而且这类理财产品的收益相对于谨慎型和稳健型理财产品而言，有着一定的波动性。此外，这类理财产品，除了可投资债券、同业存放等波动性比较低的金融产品外，还可以投资股票、商品、外汇等高波动性的金融产品。由于该类产品不保证本金的偿付，有一定的投资风险，所以后者的投资比例原则上不应超过30%。常见的平衡型理财产品有以下几种。

（1）股票。

股票是生活中比较常见的理财产品，是股份有限公司发行的所有权凭证，是股份公司为筹集资金而发行给各个股东作为持股凭证并借以取得股息和红利的一种有价证券。

何某跟同事抱怨说："我以后一定不会再碰股票了。"同事特别好奇地问："为什么？之前不是还兴致勃勃，希望通过股票来实现自己的财富梦吗？怎么一转眼的工夫就改变主意了？"何某很委屈地说道："我在股票交易所里待了一上午，听到身边的人都特别专业地谈论什么A股、N股、法人股……我一听就犯晕，一点都不了解，还是不碰为好，毕竟存在风险。"

许多想要投资股票的人都会有何某这种想法，但是如果遇到不懂的，你就放弃，那么你就永远都不会懂。要知道，股市只爱懂它的人。常见的股票分类方式有以下几种。

第一种：按照上市的地点和面对的投资，可以将股票分为A股、B股、H股、S股和N股。

- A股。A股是指人民币普通股票，是由我国境内的公司发行，供境内机构、组织或个人以人民币认购和交易的普通股票。
- B股。B股的正式名称是人民币特种股票，它是以人民币标明面值，以外币认购和买卖，在境内交易所上市交易的外资股。
- H股。H股是指注册地在中国内地、上市地在中国香港的外资股。H取的是香港的第一个英文字母。

- S股。同H股类似，S股是在新加坡上市的股票。
- N股。在纽约上市的股票。

第二种：按照投资主体来分的话，我国上市公司的股份可以分为国有股、法人股和社会公众股。

- 国有股。国有股是指有权代表国家投资的部门或者机构以国有资产向公司投资形成的股份，其中包括以公司的现有资产折算成的股份。
- 法人股。法人股是指企业法人或具有法人资格的事业单位和社会团体以其依法可经营的资产向公司非上市流通股权部分投资所形成的股份。目前在我国上市公司的股权结构中，法人股约占20%。
- 社会公众股。社会公众股是指股份公司采用募集设立的方式，设立时向社会公众（非公司内部职工）募集的股份。

第三种：按照股票交易的价格高低来划分，股票可以分为一线股、二线股和三线股。

- 一线股。一线股是指股票市场上价格比较高的一类股票，这些股票相对来说发展前景比较好，价格大大领先于其他股票。一般来说，一线股就等同于绩优股和蓝筹股。
- 二线股。二线股是价格中等的股票，这些股票因为价格适中，在市场上的数量是最多的。
- 三线股。三线股是价格最低的股票。这些公司业绩不好，发展前景不大，甚至很多公司已经面临倒闭的境地。当然，三线股并非一点发展潜力都没有，也有业绩还可以的公司，但是股票价格一直上不去，不被投资者看好。

（2）外汇。

随着经济的发展和国际化进程的加快，越来越多的人开始接触到外汇，并利用这种理财工具投资理财。所谓外汇，其实就是外国货币或以外国货币表示的能用于国际结算的支付手段，包括外国货币、外国支付凭证、外币存款等。外汇主要看中的是汇率，汇率的高低会直接影响投资者的收益。

（3）黄金。

黄金长久以来一直是人们青睐的一种投资理财产品，它价值高，并且是一种独立的资源，不受限于任何国家和贸易市场，与公司和政府也没有牵连。可以说，黄金投资几乎是世界上税务负担最轻的投资项目。目前，投资市场中有很多种类的黄金投资产品，比较流行的黄金投资形式有实物黄金、纸黄金、现货黄金、国际现货黄金、期货黄金、黄金预付款、民生金等。

4. 进取型理财产品

该类理财产品同样不保证本金偿付，因此本金风险比较大，收益波动大，而且特别容易受到市场变化和政策法规变化等风险因素的影响，所以会导致亏损比较大。这类理财产品，投资股票、黄金、外汇等高波动性金融产品的比例可以超过30%。

5. 激进型理财产品

这一类型的理财产品是风险最大的，而且收益波动非常大，极易受到市场变化和政策法规变化等风险因素的影响。但是，高风险对应的预期收益相对也很高。这类理财产品可完全投资于股票、黄金、外汇等各类高波动性的金融产品，并且可以采用分层、衍生交易等杠杆放大的方式进行投资运作。

在投资理财这件事上，很多经验不足的投资者面临的最大困惑就是理财产品的风险问题，他们不清楚应该按照什么方式来划分风险，而这一现象的主要原因是理财风险类别本身就没有固定的统一标准。但是，为了能够让自己更好地选择理财产品，投资者可以根据以上五种类型的产品，再结合自己实际的财务情况和风险承担能力选择适合自己的理财产品，从而更好地防控风险、增加收益。

二、 风险评估与风险管理

世界上并不存在百分之百赚钱的投资方式，任何一种投资都存在风险。因此，要想进行投资，就必须对理财产品进行风险评估与风险管理。任何一个人进行投资理财都是为了获得更好的收益，如果没有收益或者收益为负数，投资理财就失去了意义。

如今很多人参与投资理财都是想通过这种方式来获得高额的收益，甚至期望实现“一夜暴富”的梦想。这种盲目追求收益、不顾风险的投资心态和投资观念是错误的。对于投资者来说，投资理财一定要考虑风险，风险过大很可能让人们有所损失。因此，人们需要评估风险，做好风险管理。

八年前，股市行情特别好，在朋友的建议下，贾女士把准备买车的 20 万元投入了股市中。当时持有期收益率是 10%，根据股票收益公式计算：收益额 = 原始金额 × 收益率，即 200000 元 × 10% = 20000

元。一年下来，贾女士获得了不少收益。

股票到期后，贾女士又重新购买了一只股票，打算再赚一笔。然而这时，股市开始呈下跌趋势，不到一个月的时间，贾女士的股票市值就跌落至10万元。

损失了一半的资金，这让贾女士心痛不已，后悔购买股票。但是，就这样让这些钱白白损失，贾女士很不甘心，她希望能够赚回这些钱，于是她继续持有这些股票。然而到了下一年准备买车的时候，股票市值已跌到10万元以下，买车计划也就这样破灭了。贾女士特别懊悔当初没有趁着股票价格高的时候及时抛出去。

贾女士看着自己的股票从最高值到最后的跌停，让自己的买车计划都泡汤，最终都要归结于她没有做好风险评估与风险管理。即使在牛市，这也是有风险的。像贾女士这样盲目地追求高报酬、高收益，而忽视风险，最终必定会遭受严重的损失。因此，投资者在投资理财前，必须要做好风险评估与风险管理。

1. 如何进行风险评估

（1）何为投资风险评估。

所谓投资风险评估，是在对投资风险进行识别和衡量的基础上从整体考虑投资的风险，以及不同风险之间可能存在的相互作用、相互影响和对投资活动所带来的影响，进而对投资风险的综合状况进行总体的认识、评价的过程。

（2）识别投资风险的方法。

识别投资风险不能仅凭个人的感觉来判断，而应有一定的科学依据和方法。一般情况下，识别投资风险的方法有以下几种。

第一种：流程图法。流程图法是指将风险主体，也就是投资活动按照工作流程以及各个环节之间的内在逻辑联系绘成流程图，并且对于流程中的每一个环节都进行彻底的风险检查，尤其是对流程中的关键环节和薄弱环节进行风险调查、风险识别。

第二种：财务报表分析法。财务报表分析法是指通过一定的方法分析企业或者个人的资产负债表、现金流量表和利润表等相关的支持性文件，以此来分析企业或个人的财务状况，并由此来识别投资存在的潜在风险。

第三种：现场调查法。现场调查法是一种常见的识别投资风险的方法。所谓现场调查法，是指风险管理人员亲临现场，通过直接观察风险管理单位的设备、设施、操作流程等来了解风险管理单位的投资活动，调查其中存在的风险隐患，并出具具体的风险调查报告书。调查报告书是风险管理单位识别投资风险的重要参考依据。

第四种：事故树分析法。相对于其他的风险分析法来说，事故树分析法是比较有效的分析方法。这种方法能够提供防止风险事故发生的手段和方法。所谓事故分析法，就是从某一事故出发，以图解的方式来表示，运用逻辑推理的方法，寻找出事故的起因。简单来说，就是由故事结果推导出引发风险事故的原因的方法。

第五种：专家认证法。专家认证法是采用匿名发表意见的方式，即专家之间不得进行讨论、不得发生横向联系，只能由专家与调查人员之间发生联系。然后根据调查专家对问卷提出的看法，经过反复征询、归纳、修改，最后统一意见，汇总成专家基本一致的看法，以此作为识别投资风险的结果。这种方法具有很明显的时代性特征，也是比较靠谱的一种风险识别法。

（3）评估投资风险的方法。

通常情况下，评估投资风险的方法有如下几种。

第一种：风险度评价法。风险度评估法是指对投资风险事故造成损失的频率或者损害程度进行的综合评估。简单来说，风险度评价法可以分为风险事故的发生频率和风险事故造成的损害程度两种评价。一般情况下，风险度评价可以分为 10 级，从 1 级到 10 级，级数越高，风险越大。

第二种：检查表评价法。检查表评价法，即根据检查表，将检查对象按照一定的标准给出分数。如果是重要的项目，要给出高的分值，相反，对于一般的项目就要给出较低的分值，再按照每一项的实际情况评定一个分数。每一个检查对象必须满足相应的条件时，才能得到这一项目的满分。如果条件不满足，那么需要按照一定的标准降低满分的评定分，所有项目评定分的综合分不超过 100 分。因此，人们可以根据被调查对象所投资活动的得分，评价风险的等级。

第三种：德尔菲法。德尔菲法本质上是一种反馈匿名函询法，其大致流程是，在对所要预测的问题征得专家的意见之后，将之进行整理、归纳、统计，再匿名反馈给各专家，再次征求意见、再集中、再反馈，直到得到稳定的意见。

第四种：决策树法。决策树法是利用树枝形状的图像模型来表述投资风险的评价问题，投资风险的评价可直接在决策树上进行。其评级标准可以是收益期望值、效用期望值或其他指标。采用决策树法来评价投资风险，往往比其他评价方法更直观、更清晰，便于投资管理人员集体思考和讨论，因而它是一种形象和有效的投资风险评价方法。

（4）风险评估具体内容。

第一种：技术风险。技术风险是指由于项目技术本身的问题及可替代的新技术的出现等给投资带来的风险。这种风险评估可以从技术的成熟性、技术生命周期、技术的适用性以及替代技术等维度进行风险判断。

第二种：资金风险。资金风险可以说是投资者最关注的风险。这种风险在评估时主要考量个人或企业的财务状况、融资能力和现金流。

第三种：市场风险。市场风险是指由于各种内外部因素导致能否赢得市场竞争优势的不确定性。这种风险主要考察市场的竞争力、市场规模等。

第四种：管理风险。管理风险主要是指管理不善导致投资失败的可能性。管理水平的高低会直接影响风险的高低，这种风险主要考察的因素是背景、经验和各方面的能力。

第五种：社会与政策风险。社会与政策风险是指国家政策、法律法规、经济环境的变动导致市场需求发生改变等所引发的风险。这种风险主要考察的因素是国家产业政策、地方政府政策以及政治经济环境等。

第六种：利率风险。利率风险是指利率的变动导致理财产品价格与收益率发生变动的风险。一般的理财产品，如债券投资和银行存款等都会面临这种风险。

第七种：通货膨胀风险。在通货膨胀的情况下，货币的购买力自然会下降，而且大多数的理财产品都是货币资产。例如债券，债券发行人付给债券持有人的利息和本金一般是事先商量确定好的固定金额，这个金额并不会因为通货膨胀的发生而有所增加。但是，由于通货膨胀的发生，债券持有人从投资债券中所得到的货币的实际购买力会越来越低，甚至会出现低于原投资金额购买力的情况。这个时候，通货膨胀也就等于间接降低了债券持有者的收益。

第八种：退出或中止风险。这种风险主要考察的是投资回收期、资本退出等方面的情况。

2. 如何做好风险管理

对风险进行评估并不意味着就是完全掌握了风险，人们还需要对风险进行管理。所谓的风险管理是指标识、控制和消除可能影响投资理财的不确定事件或使这些事件降至最少的全部过程。所以，风险管理被认为是良好管理的一个重要部分。做好风险管理工作应注意以下内容。

（1）正确认知风险。

风险并不是一件坏事，投资理财需要投资者对风险有一个正确的认识。对于投资者来说，很多时候，一定的风险能够增强投资者的承受能力和竞争力。换句话说，风险的存在，有时是另一种机遇。如果掌握风险属性，懂得如何避免风险，我们可以将其转移。当然，在实际操作中，要视风险的具体情况而定。一般情况下，高风险对应着高收益，如果是在自己能承受的范围内，不妨尝试接受风险。

（2）储备基本理财知识。

投资理财是一门技术，更是一门艺术。因此，为了更好地做好风险管理，投资者需要对理财知识有更进一步的认识。因此，不论投资哪种理财产品，都必须掌握其基本知识。只有具备一定的专业知识，才能做好风险管理，从而更好地掌控风险。

（3）在自己的承受范围内投资。

很多人在市场高涨时恨不得把自己所有的积蓄都投到市场中去；而当市场低迷时，又开始懊悔。一般来说，投资者对投资损失的关注和反应比投资收益要大得多。为了平衡这种心态，建议每一位投资者根据自己的承受能力来购买投资理财产品。只有拥有良好的稳定的心态，才能保证操盘水平的正常发挥，才能减少失误的概率，防止资金被套。

（4）在法律法规允许的范围内投资。

购买理财产品的时候一定要有主见，并要时刻提醒自己“君子爱财，取之有道”。也就是说，不能忽视国家法律，不要为了获得高额的收益而违背市场规律，更不能利用违法的手段去获取暴利。

总的来说，风险管理是把整个组织内的风险降低到能够接受的水平的过程。风险管理是持续的，通常情况下，人们会以一定的时间段为间隔来对风险进行管理，并更新流程中各个阶段的数据。所以，风险管理是一个持续循环、不断上升的过程。而与风险管理不同的是，风险评估是对个人投资理财时需要面临的风险确定其优先级的过程。这个过程是风险管理过程中最重要，且必须要经过的一个过程。总而言之，要想做好投资理财的风险防控，就要做好风险评估和风险管理。

三、 个人投资理财的风险分析与管理

个人投资理财是为了将个人资产充分发挥出最大化的作用。但是，在个人投资理财中，并非购买了理财产品就一定能使个人资产发挥出最大化的作用。因为，在个人理财中，风险始终伴随其左右。所以，个人资产的增值很大程度上取决于个人对投资理财的风险分析与管理。

小周最近闷闷不乐，每天上班都打不起精神，同事小王关心地问：“发生什么事了吗？我怎么感觉你最近精神状况不是很好。”小周

回答说："哎，哪里能高兴得起来，我听从别人的炒股意见，没有考虑股市的风险，也不了解自己承受风险的能力，盲目地把自己的全部积蓄都投到股市里去了。现在好了，股市价格暴跌，股票账户上的钱所剩无几了，买房、买车的梦想离我越来越远了。"小王听后感同身受，说："说到炒股我就来气，我老公也是一样，把家里的积蓄都拿去炒外汇，结果都赔光了。我现在都快30岁了，也不敢提要孩子的事情，拿什么养啊。"

投资最忌讳的就是只看重收益，不考虑风险。像小周和小王老公这样的例子有很多。这些人经常会因为盲目投资，没有做好风险管理，而使个人或家庭生活陷入困境中，更有不少人因此被迫改变或者拖延自己规划好的人生计划，如小周的买房、买车计划，小王的要孩子计划。所以，投资的时候一定要做好风险分析，不要只顾着高额的收益而置风险于不顾。

1. 个人投资理财的风险分析

对理财风险进行有效分析，是为了让自己明确地知道风险，然后控制这些风险，从而避免这些风险给自己造成更严重的损失。

（1）市场风险。

因为受到国家法律法规和金融政策的限制，人民币理财产品一般都是以投资收益稳健的金融债、央行票据等为主的。虽然央行票据有国家信用作为支撑，但并不是就没有市场风险。例如，债券的供给量、利率和汇率随时都有可能发生变动，从而导致风险的产生。尤其是人民币理财产品的收益率，很多时候指的是预期收益率，如果金融机构缺乏理财和相应的管理经验，再加上投资者对理财知识的缺乏，市场风险就会相应增大。而对市场影响比较大的就是汇率风险和利率风险。

汇率风险。汇率风险主要是市场中的汇率产生了某种变动，导致投资者损失了收益。汇率风险主要包括交易、折算以及经济这三种风险。目前，我国很多商业银行都开展了外汇理财业务，这种业务必然与汇率有着密切的联系，所以很多外币投资者都会对汇率比较敏感。目前，外汇市场上的汇率起伏不定，人们很难预测。即便购买所谓的“保本理财产品”，实际上并不一定可以保本。在银行的本金金额保护条例中，本金的金额在数值上大小相等。例如，现在你用 1 万美元购买外汇理财产品，到期后也同样返还你 1 万美元，但是实际你是有损失的，这主要是因为外汇汇率的变动会产生差值，这中间的差值就是你的损失。

利率风险。虽然在银行购买理财产品的时候，银行经理都会向用户承诺高收益，但是高收益一定是伴随着高风险的，这个定律是不变的。简单地理解，就是利率一直在变动，如果利率降低，影响银行收益，投资者的收益必然也会减少。

（2）流动性风险。

传统的理财产品大都是储蓄型产品。对于很多投资者来说，这种储蓄型产品不存在多少风险，所以他们很容易忽视储蓄型产品的流动性风险。一般来说，储蓄型产品是不允许投资者提前终止合同的，而且银行的储蓄型产品一般金额比较大，到投资者急需用钱、不得不提前终止合同时，就可能面临经济损失。除此之外，如果这时候遇到人民币存款利率提高，那么也就意味着投资者损失了更多的收益。

（3）股票价格风险。

在投资理财上，很多人喜欢购买股票。因此，很多商业银行也开始重点投资股票，很多其他的投资理财产品也会因为股票价格的变动而受到影响。所以，在选择股票的时候，一定要谨慎，否则将会面临巨大的风险。

（4）操作风险。

操作风险是指银行理财业务运营时表现出的内控失效及法律法规、个人信用、流程、运营和监管出现的风险问题等。简单来说，导致这种风险的核心是“人”。例如，投资者向银行人员咨询理财产品的时候，银行人员迫于当月的业绩压力，故意向客户隐瞒理财产品的风险，向客户推荐超过其风险承受能力的理财产品。这就是由理财服务操作人员造成的风险，人们将这种风险称为人员风险，它也属于操作风险。这种风险在投资者理财的各个环节都可能出现，所以一定要引起重视。

（5）策略风险。

策略风险是指由于理财人员及投资者自身的投资策略和产品组合选择所带来的风险。这种风险的产生，主要是因为投资者对自身财务情况、自己投资偏好和理财产品知识的了解不够深入。

2. 个人投资理财的风险管理

单单分析风险是远远不够的，还需要对这些风险进行管理。简单来说，就是需要采取一些方法，将这些风险降到最低。

（1）风险回避。

所谓风险回避，就是提前预判风险，然后采取一些措施回避风险。一般情况下，要注意以下三个方面。

第一方面，有时候消极地回避风险也意味着你放弃了更高的收益。所以，在回避风险的时候，需要考虑风险是不是在自己的承受范围内。如果在自己的承受范围内，可以试着接受一定的风险，否则有可能错过获利的机会。

第二方面，回避风险的同时可能会产生其他新的风险。很多时候人们预判会出现错误进而导致风险，于是有些人会急于做出回避风险的决策，但是常常因为过于匆忙做决策而导致新风险的产生。因此，在预判会出现风险时，要保持冷静的头脑，寻找合适的规避风险的方法。

第三方面，有些风险是无法回避的。不是任何风险都能回避，有的风险即便你预估到，也必须要面对。

（2）风险控制。

风险控制是一种以预防为主的风险管理手段。在投资理财中，做好风险控制，是做好风险管理的关键。一般来说，控制风险需要做到以下几点。

第一，认识风险的客观存在性。投资理财风险是客观存在的，不会因为投资者的主观意识而改变。投资风险是由很多不确定的因素造成的，而且这些不确定因素是客观存在的。要想控制风险，就必须找到这些因素，并客观面对。

第二，具备投资风险的意识。进入投资市场最关键的是要具备投资风险的意识。对于投资市场而言，收益和风险是并存的。很多人只会从负面角度考虑风险，认为一定会有风险，很难控制风险。因此，需要正确看待风险，很多时候风险也是获得收益的机会。

第三，提前做好计划。当人们预估到风险会产生的时候，就要根据风险的大小来做出相应的计划。这样即便风险产生，人们也能很好地控制住。

（3）风险保留。

当风险导致的损失无法预估或者超出个人承受能力的时候，一定要考虑自身的需要，建立应急资金，以免风险超过自己的承受能力，损失巨大，而让自己的生活一下陷入困境。因此需要做好风险保留，做到有备无患。

（4）风险分散。

风险分散就是投资者在选择投资产品的时候，要采用分散投资的资产组合投资策略，从而降低自己面临任何单一资产的风险。人们往往会根据自己的财务情况制订出阶段性的目标，而要实现这些目标，必须要选择分散性的投资产品，这也正好实现了风险分散管理。

（5）风险转移。

风险转移顾名思义就是将风险及可能产生的风险转移给其他人。生活中常见的风险转移主要有互换、租赁、套期保值等。保险类的转移主要是通过订立保险合同来将风险转移给保险公司，而非保险类的转移主要是通过订立经济合同，将风险及可能产生的风险转移给其他人。但是，并不是所有的风险都可以通过风险转移这种方式来处理，只有符合一定条件的可保风险才能转移。一般情况下，投机类风险是不可以投保的，如购买股票的收益风险。

总的来说，个人投资理财的风险管理是一个认识风险、评估风险、分析风险的决策过程。这种决策是在不确定的情况下做出的，也就是说，在投资理财的过程中出现任何的结果都是有可能的。但是，无论出现什么样的结果，人们都需要以平常心面对。

对于个人的投资理财生涯而言，投资理财的风险分析和风险防范是个人理财的核心内容。正是因为人们想要规避风险、获取收益，才有了投资理财市场。因此，为了更加适应市场的发展，早日实现自己的财富梦想，个人在理财的时候，对于理财产品的风险分析与管理是必不可少的环节，也是必须要做的环节。

四、 家庭投资理财的风险分析与管理

如今，家庭投资理财受到越来越多人的关注，很多家庭都渴望通过投资理财实现最大化收益。然而，市场中不确定因素越来越多，存在各种理财风险。在这种情况下，懂得掌控风险的家庭，既有效地规避了高风险，又得到了高收益。相反，那些一心想要获得高收益但不懂得规避风险的家庭，自然就损失了不少资金。

因此，要想让家庭财富得到有效增值，很大程度上取决于家庭对投资理财的风险分析与管理。

一个月前，梁先生在某银行购买了5万元的理财产品，他原本对这次投资充满期待，可近日到银行一看，5万元的理财产品已经亏损了1万元。面对这突如其来的理财风险以及妻子的斥责，梁先生决定到银行去讨个说法。

到了银行，工作人员称梁先生在购买银行理财产品之前已经做过风险评估问卷，其购买的理财产品是在此基础上选择的相应风险等级的产品。该产品是梁先生自己的选择，银行方面并没有刻意引导。

梁先生回忆，银行理财产品分为5个风险等级，分别为低风险（R1级）、中低风险（R2级）、中等风险（R3级）、中高风险（R4级）、高风险（R5级），对应投资者的风险偏好分别为谨慎型、稳健型、平衡型、进取型、激进型。当时，梁先生并没有慎重考虑并回答

问卷，最后评估结果为 R3 级，风险就这样降临了。

一般来说，风险等级为 R1 级和 R2 级的理财产品基本不存在本金风险，但是风险等级在 R3 级及以上的产品，就需要投资者对风险有足够的认识了。

例如，某银行在售的一款理财产品风险等级为 R3 级，为部分保本理财产品，也就是非保本理财产品，预期最高收益率是 6%，但预期最低收益率是 -20%。也就是说，该产品可能获取 6% 的正收益，也有可能亏损 20% 的本金。

由此可见，梁先生如果能够对风险有足够的分析和认识，也不会造成这样的资金损失。因此，加强家庭投资理财的风险分析与管理，是十分有必要的。

1. 家庭投资理财的风险分析

如今，“投资理财”这个概念在社会中广泛传播开来，成为人们张口必谈的话题，各种新兴的理财产品纷纷涌现，投资理财的品种层出不穷。面对如此多样化的理财产品，选择一套符合自身需求、适合家庭发展情况的产品成为每个家庭都需要慎重考虑的事情。

一般情况下，投资理财的方式分为以下几种。

（1）银行储蓄。

银行储蓄是很多家庭在理财过程中的首选，它是一种传统的、普遍的投资方式。与其他理财产品相比，其主要优势在于，操作简单便捷，具有强大的安全性和稳定性，是实现家庭财富保值的重要方式。这是一种适用于所有家庭的理财方式。

（2）国债。

国债也是一种相对稳健的理财方式。其收益主要介于银行储蓄和股票之间，一般高于银行储蓄、低于股票。它适用于一些保守型、对于风险承受能力较小的家庭。

（3）基金。

与其他理财方式相比，基金的优势在于管理专业科学、规模较大、风险较分散且收益性较好。对于家庭来说，使用这种理财方式不仅承担的风险较小，且无须浪费太多的时间进行管理。它适用于没有充裕时间进行管理且没有专业管理经验的家庭。

（4）股票。

股票是一种高风险和高收益并存的理财产品。从风险性上来看，相对于以上的银行储蓄、国债、基金来说，股票的风险性最高。但同时，它也具有高收益的突出优势，尤其是就长期投资来看，股票的收益率在理财产品中极高。它适用于那些能够承担风险，并且具有股票相关专业知识和经验的家庭。

（5）房产。

房产投资是如今很多家庭选择的一种投资方式。其主要优势在于不仅能够保值，而且流动性较强，可以抵押贷款等。这是适用于很多家庭的一种理财方式。

（6）保险。

保险是很多家庭用来保障生活的一种投资方式。主要是为投资保险人的健康、意外损失和经济保障方面提供一定的补偿。它既是一种补救手段，也是一种投资行为，是每个家庭必不可少的。这也是适用于所有家庭的一种理财方式。

2. 家庭投资理财的风险管理

在对家庭投资理财的概念和方式进行初步分析之后，人们就需要在具体的实践中，对家庭的投资理财进行有效的管理，具体方法如下。

（1）学会规避风险。

在现实生活中，风险一直都是存在的，风险管理是投资理财中必不可少的部分，如何有效选择理财产品与规避风险是每个家庭都必须慎重对待的问题。在家庭发展和成长的不同时期，随着家庭成员的增多或减少以及内部情况的变化，人们需要针对具体变化情况重新审视风险。

在投资任何一款理财产品之前，人们都需要对其风险有足够的认识，确保自身在有效识别风险的同时控制风险，从而减少经济损失。

（2）学会分散风险。

分散风险也是降低风险的有效方法。家庭在选择投资产品的时候，也可以采用分散投资的资产组合投资策略，从而有效避免家庭投资过于集中的风险。

（3）注重家庭保障。

风险管理体现在两个方面：一方面是规避风险；另一方面是通过其他方式降低风险，也就是注重家庭保障。

事实上，投资理财的背后，财产保全、生活稳定才是每个家庭的首要目的。家庭在进行投资理财时，一定要充分注重生活理财的规划，时刻将财产安全、生活保障放在第一位。

很多家庭选择投资，主要目的并不是获取更多的财富、实现“一夜暴富”等。很多家庭选择投资理财，只是想要保障家庭的财产安全、维持家庭生活上的稳定。

在家庭遭遇意外时，对于意外保险方面的投资能够帮助家庭避免资金在短时期内受到大幅度消耗，快速帮助家庭缓解资金上的问题；在工作上遇到困境时，商业保险能够减少工作上的投资失败等问题，避免给生活带来更大的不利影响。例如，在子女上学时期，为子女购买相关的意外保险、医疗保险等；在购买车子、房子之后，需要对车子、房子等方面进行保险投资；在即将退休时，需要购买相应的医疗保险、养老保险，以保障晚年生活。

总的来说，每个家庭都需要注重家庭的风险分析与管理，树立正确的理财理念，培养家庭对于理财的认知，并在此基础上分析理财管理的风险性，对理财工具进行合理选择，最终有效规避风险，实现财富快速且稳定的积累。

第六章 结束语

说到梦想，人们忌讳谈到钱，很多人认为涉及钱的梦想都过于庸俗。实际上，金钱本身并不庸俗，人们在认识上存在误区。不说每一个人，但至少绝大多数人都有成为富翁的梦想。但说的人多，做的人少。所以，人们常常会觉得想成为富翁是“痴人说梦”。梦想，不只是去做梦、去想象，还需要在醒来之后采取行动。其实，在经济越来越发达、理财产品越来越丰富的时代，只要你懂得投资理财，掌握让钱“生”出更多钱的技巧，你的梦想终将会照进现实。

一、 输得起才能长赢不止

人生就是一场冒险的旅行，很多时候也可以说是一场赌局，没有一个人敢打包票说自己生来就是赢家，也没有人一辈子都是失败者。决定人们能不能在人生的道路上越走越远的，是人们的心态。输得起才能长赢。投资理财也是如此，想要靠投资理财致富，必须有敢输的气魄。

已经工作五年的夏女士，攒了不少年终奖金，由于工资也提升了不少，她决定买房。虽说攒下的钱不少，但买房的话压力还是比较大。她朋友建议她，可以先拿这笔钱理财，如购买股票，让这些钱“生”出更多的钱。夏女士觉得这个建议很不错，能帮助自己实现梦想，便将自己全部的积蓄都拿来炒股。购买股票的前期，收益非常可观，夏女士每天都感到很开心，似乎离自己买房的梦想不远了。但是一个月后，股票价格开始持续下跌，这让夏女士感到心慌。股票账户的数字一直在减，夏女士无奈只能亏本将股票抛出去，最后损失了十几万元。

像夏女士这样的投资者在生活中很常见，他们在高收益的时候会非常高兴，而在面临亏损的时候，情绪会非常低落，严重的时候甚至会影响自己正常的生活和工作。所以，在投资理财之前，需要考虑到自己是不是能理智面对亏损，以及自己可承受的亏损是多少。

简单来说，那些赢得起却输不起的人，其实就是承担风险能力比较低的人。这些人的特点是，赢的时候欢呼雀跃，输的时候无比沮丧。而这样的人在投资群体中占据了大部分，很多人把投资理财看成了博弈，如果赢了就翻身当“皇帝”，而输了也就彻底一败涂地。

所以，对于投资者来说，在做任何投资的时候，都必须问清楚自己：如果输了，自己是否能承受得起？如果答案是否定的，那么就考虑放弃。

1. 评估自己的风险承受能力

在进行投资之前，投资者最好对自己的风险承受能力做一个比较科学的评估，知道自己能够承受多大的风险。同时需要考虑：如果失败，自己是不是输得起？任何一个聪明的投资者，都会很仔细地考虑自己的承受能力，然后根据自己的能力做出最好的选择。评估风险承受能力时应考虑以下内容。

（1）收入。

收入是评估自己风险承受能力的第一点，因为定期收入是投资理财资金的主要来源。评估时，首先要考虑自己收入的高低，这决定了可自由支配水平。其次，还需要考虑收入的稳定性。

（2）年龄。

不同的年龄段对风险的承受能力也大有不同。一般来说，年纪越大，风险承受能力越低。当然，具体还要看个人财务的实际情况。

（3）风险偏好。

对于风险偏好，主要看个人性格。有些人无论自身财务情况好坏，都喜欢投资高收益的理财产品，这类人群属于风险偏好型投资者。而有些人，即便有很多闲散资金，也只愿意将其定期存入银行，这类人群属于风险规避型投资者。所以，在投资理财前，一定要清楚自己是哪种类型的投资者。

（4）流动性需求。

对于很对投资者来说，他们的风险承受能力跟自身对资金的流动性需求有密切的关系。例如，有的人预估未来会有大额支出，那么就不建议购买大额长期理财产品。

2. 选择合适的理财产品

对于年轻人尤其是理财知识不是很丰富的人来说，刚开始的时候最好不要投资股票、债券。可以购买稳定性好一点的产品，如国债、信贷资产的产品。这些产品风险相对来说要小，而且收益相对稳定，适合刚入职或者刚刚开始理财的人保本增值的需要。

当然，在投资中，选择保本产品投资并不意味着拒绝其他投资理财产品，只是说刚开始的时候，可以选择风险较低的产品。因为刚刚开始理财，还不确定自己能承受风险的能力有多大，那么就从风验低的产品开始，即便会出现一点小小的波动，也在自己的掌控范围内，不会因为亏损而影响自己的情绪。

对理财产品和相关的知识有一定程度的了解后，可以尝试一些风险稍高的理财工具。慢慢步入投资理财的世界中，并开始对投资产生独特见解，就可以选择更加适合自己的理财产品，并在投资的道路上越走越远，成为一名优秀的投资者。

3. 为自己设置止损点

所谓止损点，就是股市交易仓位获允许承受的最大损失一旦达到损失上限，交易员必须平仓或减仓以防止亏损扩大。对于投资者来说，同样需要具备这种止损的能力。个人止损能力的高低会直接影响到对风险的控制能力。也就是说，如果你不能果断止损，你的损失很快就会达到上限，那么你即便有很雄厚的资金，也会很快被市场吞噬。所以，在投资之前，一定要为自己设置止损点，并且按照自己设置的止损点严格执行。这一点需要人们平时多关注金融理财方面的新闻信息，并跟经验丰富的投资者学习止损方法。在投资理财中，如果资产的损失达到一定的程度，就必须赶紧撤出，因为时间越久，损失就越大。

4. 调整自己的心态

在投资理财的过程中，心态是最重要的。很多时候一件事情的输赢不全在于人的能力，更多的可能在于对待这件事情的态度。理财更是如此，尽量不要有贪婪、恐惧或者想要一夜暴富的心理，要保持一个良好、平和的心态。只有这样，才能沉着、冷静地分析市场变化规律，为自身创造一个相对有利的投资环境。调整心态的主要内容如下。

（1）收益增加时不骄傲。

很多人在获得高额收益的时候，沾沾自喜；而在面临亏损的时候，跟泄了气的皮球一样。英国著名剧作家莎士比亚表示，一个骄傲的人，结果总是在骄傲里毁灭自己。同样地，在投资理财中，如果一个人在收益颇丰时骄傲自满，忽视对风险的防范，那么很可能让自己面临亏损。

（2）亏损时要平静对待。

很多人在面临亏损的时候，内心特别急躁，情绪甚至比收益增加的时候更加激烈，他们迫切想要翻本。但是，翻本必须找准时机，否则会亏损得更多。在急于翻本的情况下做出的选择，往往不够明智。例如，很多人由于急于翻本，会将自己所有的资金全部押注在一只看似预期收益会很高的股票上。高收益也意味着高风险，其风险不是人能掌控的，一旦这只股票下跌，非但不能翻本，反而会承担更多的损失。因此，在面临亏损的时候，一定要平静对待，对于翻本，切不可操之过急。

（3）不要过于急切。

投资理财，积累财富，是一个漫长的过程，就像一场马拉松。既然是马拉松，就不要过于急切，最重要的是要坚持到底。想要一夜暴富，可以说希望渺茫。因为一味追逐利益的投资者，一旦面临高收益的投资理财产品，就很容易失去理智。就投资理财而言，唯有客观、理性看待投资，并坚持理财，才能获得风险和收益上的均衡。

（4）不要患得患失。

患得患失的投资者无论是在选择理财产品上还是在理财的过程中，面对任何一件事都会纠结很长时间。这种投资者一旦发现自己账户上的资金有所减少，就会出现严重的焦虑心理。在面对理财金额亏损时，会选择及时撤资，或者跟经验丰富的投资者打探消息，希望自己能快点翻本。这类投资者一旦听闻提现困难、投资平台跑路等负面消息，就会十分担心自己资金的安全性。即便自己选择的平台稳定性很高，也会选择撤资。这样的话，投资的道路必然走不长久。因此，投资理财，一定要保持良好的心态，切不可患得患失。

总之，这个世界上没有低风险、高报酬的事情，投资理财也是如此。

如果想要在投资理财这条路上长赢不止，就要输得起。

二、 你的人生梦想

你的人生梦想是什么？相信不同的人会给出不同的答案。小时候说到梦想，人们回答得更多的是科学家、建筑师、画家，而随着年龄的增长，梦想也在发生改变。现在的年轻人梦想着不受任何约束，可以做自己喜欢的事情。如何才能不受约束？无非是时间自由、财务自由，其中，财务自由是关键的因素。所以，现在大部分年轻人的人生梦想归根结底来说就是实现财务自由。

毕业两年的顾某在跟朋友谈到梦想的时候，感慨道："小时候的梦想是当一名老师。现在想想，那时候的想法很单纯，现在的梦想就是赚钱。"朋友回答说："其实大家这么努力，各有各的梦想，但是有几个人是为了实现真正的梦想？反正我的目的就是用自己的梦想来实现财务自由，用梦想赚钱。"顾某接着说："是的，没钱谈什么梦想。我以前想成为一名作家，后来我发现自己的梦想或许并不是成为作家，而是想通过这种方式赚钱，希望爸妈过上舒适的日子，希望自己的时间和财务自由，然后去世界各地走一走。"

像顾某和他朋友这样的人，在生活中占大多数。当然，这里并非说实现财务自由是每一个人的人生梦想，因为有些人的确不在乎钱，会有更高层次的追求。但是不可否认的是，很多高层次的追求都是建立在物质的基础上的，没有任何一个人不希望自己实现财富梦。而要实现自己的财富梦，归根结底只有两条路可以走：一是发财，二是理财。但是“一夜暴富”的概率极低，难度系数过高。而理财不同，它是一种稳定而靠谱的方式，可以帮助人们通过少量的资金获得更多的财富。

对于理财，很多人还是持怀疑的态度，你也许经常会听到类似的信息：你的大学同学义正词严地表示，他买了一只股票一直在亏损，最后低价都抛不出去。你的远方表亲告诉你，千万别买银行的理财产品，都是坑人的，一年下来亏了十几万元。越来越多的关于理财方面的负面信息，使你打消了投资理财的念头。但是，如果只是道听途说，你也许永远不会明白事情的真相。你要知道，梦想是自己的，要想实现财富梦，你就得脚踏实地，自己去体验。

1. 学会认识理财，从现在开始为梦想添砖加瓦

学会理财，不仅能减轻当下的生活压力，而且能为未来的生活提供更好的保障。人活着，就是在过好当下的同时，期待更美好的未来。在生活中，很多人只顾当下的享乐，很少去为未来担忧。试想一下，30 年后，仅凭退休金，能高枕无忧地生活吗？这显然是一件困难的事情。从现在开始，学会理财，未来的财富梦还是充满无限可能的。

吉姆·罗杰斯是华尔街的风云人物，被誉为极有远见的国际投资家，是美国证券界成功的实践家之一。他曾在十年间赚到了足够其一生享用的财富。他能很好地掌控市场趋势，连股神巴菲特都对他掌控市场变化的能力称赞有加。吉姆·罗杰斯在 21 岁的时候，便开始接触投资理财。之后，他进入华尔街工作，并与索罗斯一起创立了全球闻名的量子基金。在 20 世纪 70 年代，该基金的成长率超过了 4000%，

而同期的标准普尔500的股价指数的成长率却不到50%。这让人们觉得吉姆·罗杰斯的投资理财能力不容小觑。

理财越早越好。不要怀疑理财的益处，更不要因“我对理财知识一窍不通”的理由而放弃理财。以吉姆·罗杰斯为例，他起初也是一个口袋里只有600美元的门外汉，但是到退休时，他已经是一个家财万贯的世界级投资大师。这足以证明，理财是具有规律和技巧可循的，只要人们善于分析和了解，就能够帮助自身更好地进行理财。

2. 学会理财，给自己一个改变人生的机会

会理财和不会理财的人，他们的人生是不一样的。会理财的人，他人生的各个阶段都会有非常清晰的方向和明确的目标，能够合理分配自己的资产，合理规划自己的消费，同时为实现财富梦想打下牢固的基础。而不会理财的人，会过上那种“过一天算一天”的生活，没有计划、没有目标、浑浑噩噩，也难以实现理财梦。所以，掌握理财知识能够改变自己的命运。

生活中太多的人因为缺乏理财知识，而在财富梦面前止步。例如，很多大学生毕业后，勤勤恳恳工作，努力奋斗，但是财富没有因为他们的雄心壮志而迅速增长。不可否认，他们很努力，有的甚至发了工资就把钱存进银行，花销很少。但是实际情况是，几年下来他们的积蓄并不多，而且生活中的房贷、车贷给他们带来更多的经济压力。面对这种压力，大多数人想的办法是省钱、减少花销，结果导致自己生活水平下降。.

一个人一生能积累下来的财富并不是靠节省积累出来的，单单努力工作对很多人来说只能保证正常的生活开销。所以，要学会投资理财，懂得

用钱来赚钱。

小陈和小余是大学同学，毕业后在同一家旅行社上班。他们的收入基本差不多，但是两个人的理财观念完全不一样。

小陈虽说不是经验丰富的投资者，但是多少了解一些理财方面的知识，也经常关注金融方面的消息，是理财思路比较活跃的那类人。前两年股市比较红火，她购买了一款股票分析软件，每天一有空就会在家研究股市行情，并把自己的8万元积蓄投入了股市，一年下来，赚了将近一倍的钱。后来，她发现股市的涨幅太大，而且各种分析也显示会面临风险，于是她果断将股票抛出，最终连本带利共有16万元。这时候，她家附近有一个楼盘开售，当时价格合适，并且有很大的升值空间。于是，小陈向朋友借了几十万元加上自己的积蓄付了房子的首付。一年后，那个小区的房价翻倍，小陈将房子卖出，自己还净赚50万元。

跟小陈相比，小余属于理财思路较保守的人。毕业两年后，小余有8万元左右的积蓄，为了求稳定，她把钱以定期两年期存进了银行，想坐收利息。但是一年后，小余准备结婚，急需用钱不得不把钱取出来，利息自然就损失了。婚后，小余跟老公一起，买了一套70万元的二手房，付了20多万元的首付，每个月还有3000多元的贷款要还。小余时常抱怨压力大，朋友聚餐她从来不去，基本上没有社交活动，自己平时吃饭也特别节省，被经济压力压得喘不过气。

善于理财的人能让自己的生活越来越好，而不善理财的人，让自己的压力越来越大。俗话说："有钱不置半年闲。"这句话从理财的角度来理解，就是人们要合理地利用自己的资产，学会投资理财，加快资金的流动率和周转速度，让钱“生”出更多的钱，从而减轻自己的生活压力，改变自己的人生。

3. 学会理财，让梦想照进现实

很多人觉得实现梦想要靠个人的意志、激情和不屈不挠的精神，确实如此，但是除了这些，还需要金钱的助力。

> 纽约前市长迈克尔·布隆伯格曾在他就任市长的20年前就创办了布隆伯格公司。除了在政界一显身手，他还是一位亿万富翁，他的个人财富曾高达200多亿美元。可以说，他实现了常人眼中所有的人生梦想。在他成功创建布隆伯格公司之后，他又努力去实现自己儿时的从政梦想。2001年年初，布隆伯格开始角逐纽约市市长的竞选，为此他耗费了不少心血。他组建了一支竞选团队，并且利用了自己在传媒领域的优势，通过报纸、电视、广播等媒体为自己拉票。为了实现儿时的梦想，当上纽约市市长，他愿意以1美元的年薪为公众服务，当时纽约市长的年薪是19.5万美元。为了梦想，他动用布隆伯格公司的股权，自己拿出竞选资金。就这样，他在2002年当选为纽约市市长。在出任市长后，他继续自掏腰包，处理了很多社会问题。对此他给出的说法是：自己有能力去改变社会现状，为什么不做呢？

布隆伯格出任市长后自掏腰包处理社会的种种问题，说明了一个道理——金钱可以助力梦想照进现实，将别人眼里的“痴人说梦”变成一种真实的存在。归根结底，无论你的梦想是什么，首先你要学会理财，实现财富梦，这是为实现其他梦想奠定的基础。否则，即便你有再伟大的梦想，也会被经济束缚住。

人生是一场冒险，是一场赌博，也是一个实现梦想的过程。无论人们是什么身份、职位，最终的目的无非就是要让这一生过得精彩。人们会列出各种各样的梦想清单，但在追逐梦想的过程中会发现，很多梦想的实现是建立在物质基础上的，需要财富的辅佐。只有当人们拥有足够的财富实力，才有资格、有能力去实现梦想。

如果你有梦想，如果你想实现你的梦想，那么从现在开始，你就要学会理财，得到一个梦想照进现实的机会。